작고
아름다운 학교,
그 이상···

작고 아름다운 학교, 그 이상…

최영아

조병국

김미영

최고봉

전영욱

정준영

김기수

곽경애

최윤하

황승환

이민아

김성수

단비
danbi

여전히 '작은 학교'가 희망입니다

강원도 구석구석 숨겨진 보석 같은 작은 학교 이야기들을 모아 《작고 아름다운 학교, 그 이상…》으로 엮어 냅니다. 이 책에선 싱그러운 풀꽃 같은 아이들 재잘거림이 들립니다. 아이들 닮은 순수한 마음 가득한 선생님들의 정겨운 목소리가 들립니다.

제 고향이 내평리입니다. 소양강댐에서 배 타고 양구 쪽으로 가다 보면 강폭이 가장 넓어지는 곳이 있는데, 그 아래 잠겨서 이제는 가려야 갈 수 없는 마을입니다. 중학교 갈 때쯤부터 소양강댐을 쌓기 시작해서 중학교 3학년 때 마을이 물에 잠겼습니다. 마을 사람들이 뿔뿔이 흩어졌고 집, 학교, 면사무소, 학교 옆 점방까지 그대로 물속에 잠겼습니다. 그곳에 내평초등학교도 있었습니다. 마을이 물에 잠기면서 내평초등학교는 산 중턱으로 옮겨 다시 학교를 열었지만 학생 수가 줄어 분교가 되었다가 결국 1986년에 문을 닫았습니다. 제가 바로 이 내평초등학교 출신입니다. 저는 고향을 잃어버린 '실향민'

이면서 모교를 잃은 '실교민'이기도 합니다.

강원도에는 수많은 작은 학교가 있습니다. 학생 수가 60명이 되지 않는 작은 학교는 모두 268교로 전체 학교 653곳 가운데 41%나 됩니다. 곧잘 우리는 학교가 사라지면 머지않아 마을도 사라지고 만다고 말합니다. 저출생과 인구 감소, 지역 소멸이니 하면서 위기라고도 말합니다. 틀린 말은 아닙니다. 지역이 없으면 학교도 없고 학교가 사라지면 지역 위기와 소멸도 빨라질 수밖에 없습니다. 다만 이러한 주장 대부분은 자본과 경제의 논리로 말했지 교육의 가치나 논리로 말한 것은 아닙니다. 학교는 학생이 있기 때문에 존재하는 곳입니다. 학생의 삶과 터전을 중심에 두고 학교가 그 일에 최선을 다하는 일이야말로 모두를 위한 교육이요 미래 교육입니다.

그런 까닭에 여전히 작은 학교는 희망입니다. 모든 아이를 소중히 여기며, 아이들과 함께 배움을 만들어 가는 곳이 바로 작은 학교입니다. 여기 그 이야기들을 모았습니다. 우리가 함께 걸어온 길이며 걸어갈 길이기도 합니다.

《작고 아름다운 학교, 그 이상…》 발간을 다시 한번 축하합니다. 기획하고 함께해 준 모든 분들에게 고맙다는 인사드립니다. '작은 학교'의 아름다운 향기가 강원도를 넘어 전국 곳곳으로 전해지길 기대합니다.

강원도교육감

TABLE OF CONTENTS

작은 학교의 하루

임곡초등학교 교사 **최영아**

#1 08:00 – 09:00 행복한 작은 학교로 떠나요

짭조름한 바다 내음, 바다에 두둥실 떠 있는 서퍼들, 지금 막 추출된 38휴게소표 커피 한 잔. 방학 때의 한가한 나날들이 아닌 매일 반복되는 익숙한 출근길 풍경이다. 우리나라에서 가장 아름다운 7번 국도를 따라 나는 지금 학교로 간다.

뻥 뚫린 도로에서 구불구불한 시골길로 접어들면 그제야 묵직한 출근길의 부담감이 몰려온다. 학교행사나 학년별로 반드시 해내야 하는 일을 챙기기 위해, 서른 명쯤 되는 학생들을 일사분란하게 가르치기 위해 철저하게 정형화된 계획을 세우던 지난날에는 〈출발! 비디오 여행〉이 방영되는 일요일 정오부터 다음 날 걱정에 가슴이 답답해졌다. 그런데 지금은 학교에 닿기 10분 전에야 출근길의 부담감을 느낀다. 이것이 내가 작은 학교를 선택한 가장 큰 이유이다. 그 마음의 여유는 아이들을 가르치는 일이 온전히 내 손에서 이루어진다는 자유로움이 바탕에 깔려 있기 때문이 아닐까, 생각해 본다.

출근 후 창문을 열어 어제의 공기를 내보내고 있으면 "이 버스는 행복한 학교로 갑니다. 우리의 미래가 타고 있습니다."라고 쓰인 노란 통학버스에서 '우리의 미래'들이 쏟아져 나온다. 아이들은 한 명도 빠짐없이 신나게 운동장을 가로질러 해사하게 웃으며 교실 안으로 들어온다. 가끔 등굣길 엄마에게 혼났거나 친구하고 다퉈서 퉁퉁 불은 아이는 오늘 하루 교장 선생님의 관심을 한껏 받다 집에 돌아갈 때는 다시 행복해져서 돌아가는 버스에 오른다. 멀리서 바라보면 모두가 행복한 작은 학교이다.

멀리서 바라보면 희극, 그 속에 함께하면 어쩌면 비극 비스무레한 것…

신규 발령 후 8년 동안 큰 학교에서 생활한 끝에 작은 학교로 발령이 났다. 발령이 난 곳은 전교생 열여덟 명. 그중 우리 반은 2학년 두 명, 5학년 두 명의 복식학급으로 작은 학교 중에서도 아주 작은 학교였다. 작은 학교에 발령받기 전 선배 교사에게서 작은 학교의 로

망에 대해 듣게 되었다. 학교에 가면 자애로운 엄마가 되어 아이들을 세수, 양치시키는 것으로 하루를 연다. 공부하기 싫어하는 아이들을 태워 바다로 산으로 훌쩍 체험학습을 떠나며 무엇보다 아이들의 눈망울과 순수한 마음을 보면 반하지 않을 수 없다는 게 그 요지였다. 30여 명이 네 명이 된다는 건 선생님과 제대로 된 대화 한마디 나누지 못하고 집으로 돌아가던 아이들이 선생님과 삶을 나누는 가족이 된다는 의미였다. 그런 작은 학교에 발령받았을 때 마음속이 벅차오를 만큼 기뻤던 것은 아이들의 삶을 깊게 들여다보고 작은 학교에서 내 교육의 이상을 마음껏 펼치리라 하는 허울 좋은 장대한 목표 때문이 아니라 '한 반에 네 명뿐이라니, 이거 거저먹겠어.' 하는 1차원적인 단순한 생각에서 비롯된 것이었다. 순수한 네 명의 어린이들은 분명 선생님을 우러러보며 존경할 것이고, 일대일 학습 시간이 길었으니 자연히 학력도 높고 무엇보다 조용할 것이었다. "여기 집중", "조용히 해야지~", "얘들아, 다른 사람 방해하지 말고 내 것만 하자"로 점철된 교실이 드디어 조용한 면학 분위기가 흐르는 학구열 가득한 나만의 교실로 바뀐다는 의미이기도 했다.

그러나 기대하는 모든 것이 약간의 실망을 안겨 주듯 작은 학교는 나에게 예상치 못한 불편함을 안겨 주었다.

"얘들아, 선생님 이거 좀 도와줄래?"
"…"

"심부름 해 줄 사람? ○○아, 선생님 좀 도와주라~."

"저 지금 바빠서 안 돼요."

지금 바빠서 안 된다는 아이의 대답은 신선한 충격이었으며 아이들과 나 사이에 약간의 거리감까지 느끼게 해 주었다. 그동안 아이들은 기본적으로 선생님을 도와주는 것을 좋아한다고 생각했고 그랬기에 다른 학교에서는 소심한 아이에게 자신감을 심어 주기 위한 수단으로, 잘한 친구에게 보상의 의미로, 또 친해지고 싶은 아이에게는 친밀감의 수단으로 심부름을 이용했기 때문이다.

연이은 수업 시간.

자신의 감정에 대해 알아보는 도덕 시간이었다. 화가 났던 순간에 대해 발표를 하고 있었는데 한 아이가 손을 번쩍 들고 발표했다.

"저는 친한 친구가 저보다 뭘 더 잘했을 때 화가 나요! 죽여 버리고 싶어요."

인간 본성을 관통하는 날것의 감정이다. 사실 내 친구가 나보다 더 잘나 보일 때 배가 아프긴 하지만 그것을 다른 사람 앞에서 이토록 과격하게 표현하진 않는다. 자신이 느낀 바를 거침없이 내뱉고 자신의 감정대로 행동하는 아이들이 길들여지지 않은 망아지처럼 다소 거칠게 느껴졌다. 그동안 알게 모르게 교사의 권위에 젖어 있던 나에게는 다소 불편한 상황들이었다.

그러나 하루하루 지나고 아이들과의 관계가 차차 무르익으며, 무엇보다 교사의 권위를 조금은 내려놓자 자신을 꾸미려 가면을 쓰지 않는 아이들의 민낯이 소중하게 느껴졌다. 아이들이 자신의 본모습을 거침없이 드러낸다는 것은 상대방에게 잘 보이려고 애쓰지 않는 관계의 편안함을 의미하는 것이었다. 물론 정도가 지나쳐 어른에게 지켜야 할 예의를 저버리는 행동은 단호하게 가르친다. 예를 들면 선생님 말에 "말이야 방구야" 하며 콧방귀를 뀌는 일들이다. 그 외에는 안전을 위협하지 않는 범위 안에서 다른 사람의 학습을 일부러 방해하는 게 아니라면 선생님의 심부름보다 자신의 시간을 더욱 소중히 여기는 일들에 대해서는 자유로움을 지지해 주기로 했다. 이렇게 나는 차츰 아이들과 찐 관계를 맺게 되었다.

#2 09:00 - 09:20 다모임의 나날

매일 아침 선생님, 학생들, 교직원 너나 할 것 없이 한데 어울려 운동장을 뛰고 걷는다. 도란도란 운동장을 걸으며 어제 있었던 이야기, 옛날이야기, 별의별 이야기를 함께 나누고, 젊은 여선생님이 예쁜 정장 대신 운동화를 신고 온 날엔 선생님 vs 아이들 달리기 시합이 펼쳐지기도 한다. 그렇게 한바탕 몸을 푼 아이들은 다 함께 모여 다양하고 사소한 학교생활의 뒷담화를 나눈다. 사실 이야기 중에 남의 뒷담화가 제일 재미있다. 거창하게 다모임이란 이름을 붙이지 않아도 다 함께 모여 자율적으로 의견을 나누는 작은 학교만의 직접 민주주의가 실현되는 시간이다.

체계적으로 관리하고 통제해야 안전이 보장되는 큰 규모의 집단에서는 조금은 비효율적인 규칙이라고 하더라도 그것을 꼭 지켜야 할 의무가 따른다. 혹은 영문도 모른 채 여기저기서 혼나 가며 눈치 껏 그래야 하나 보다 하고 따른다.

런던 비즈니스스쿨 게리 해멀 교수와 미시간 경영대학원 C.K. 프라할라드 교수가 공동으로 쓴 《미래를 위한 경쟁》에 '다섯 마리의 원숭이 실험'이 나온다. 굶주린 원숭이 다섯 마리를 우리에 넣고 긴 사다리 위에 바나나를 걸어 둔다. 배가 고픈 원숭이 한 마리가 바나나를 집기 위해 사다리에 오르는 순간 차가운 물벼락이 쏟아진다. 반복 행동으로 사다리에 오르면 물이 쏟아지는 것을 알게 된 원숭이는 바나나를 쳐다만 볼 뿐 다시는 사다리 위로 오르지 않는다.

다음 날, 기존에 있는 원숭이 한 마리를 새로운 원숭이로 교체한다. 굶주림에 지친 새로운 원숭이는 역시 미칠 듯이 기뻐하며 사다리를 올라가지만 전날 물세례를 받았던 다른 원숭이들은 새로운 원숭이가 사다리에 올라가려 할 때마다 화를 내고 심지어는 때리기도 한다. 계속 원숭이를 교체해 이제는 우리 안에 실제로 물세례를 받아 본 원숭이는 한 마리도 남지 않았다.

어떻게 되었을까? 짐작대로 실제 사다리로 올라가려다 물벼락을 맞은 원숭이가 한 마리도 안 남아 있었는데도 그 어떤 원숭이도 사다리에 올라가려는 시도조차 하지 않았다.

이처럼 우리 학교에도 영문을 모르는 채 시도조차 못 하고 예전 것을 답습하는 신참 원숭이들이 잔뜩 있는 것은 아닌지 생각해 볼 일이다.

1학년 신입생 아이: 질주 본능을 일으키는 쭉 뻗은 복도에서 사뿐사뿐 예쁘게(무서운 선생님은 뒷짐까지 지고) 걸어 다니란다. 왜 그런지 선생님이 설명해 주긴 했지만 매일매일 듣는 설명들이 너무 많아서 다 까먹은 지 오래다.

아! 선생님이 안 계신다! 지금이 혼나지 않을 기회다!

달려라~ 우다다다다다다!!!

수업 중 바른 자세를 유지하고 앉아 있어야 하는 것, 실내에서는 실내화를 신어야 하는 것, 급식을 남기지 않고 골고루 먹어야 하는 것들은 아이들에게는 신나는 뒷담화의 대상이다. 뒷담화 중에 슬며시 끼어들어 "그래, 그럼 우리 이제 복도에서 신나게 뛰어도 된다고 규칙을 바꿔 볼까?" 하고 던지면 몇 명의 규칙 수호자들은 이건 아니다 싶은지 몸을 들썩들썩한다.

"야! 얼마 전에 나랑 너랑 부딪혀서 이빨에서 피 났잖아!!"

"그래도 복도에서 뛰는 건 좀 아니지 않아?"

이런저런 이야기들이 오간다. 오~ 아이들은 생각보다 막무가내가 아니다.

그러나 상황이 엉뚱하게 흘러 '복도에서 뛰어도 된다'가 규칙으로 정해졌다면 그대로 받아들여야 한다고 생각한다. 복도에서 엉망진창으로 뛰어다니는 가운데 불편함이 생기고 그렇게 아이들은 자신들만의 규칙을 새로 고쳐 나갈 것이기 때문이다.

안전을 너무 강조한 나머지 아이들을 꽁꽁 묶어 두어 성장을 방해해서는 안 될 것이다. 안전에 대해 맹목적으로 주입하기보다 스스로 자신의 안전을 챙기고 집중할 수 있도록 기회를 주는 것이 좋다.

'나 때는 초등학생 때부터 칼로 연필을 깎고 다녔는데 요즘 애들은 귀하게 자라서 할 줄 아는 게 하나도 없어'라고 한탄하기보다는 칼을 안전하게 사용하는 방법을 가르쳐 주는 것이 맞다. 위험하다는 이유로 그 아이들의 손에 연필깎이를 쥐어 준 건 우리니까. 최소한이지만 안전이 보장되는 상황에서도 안전을 이유로 아이들한테서 배움을 빼앗아서는 안 된다. 충분한 소통과 경험을 통해 그 규칙을 이해했다면 선생님이 안 계신다고 온 힘을 다해 복도를 질주하는 일은 없을 것이다.

그러나 그러기에 쭉 뻗은 학교의 복도는 선생님인 나에게도 너무나 매력적이다.

#3 09:20 - 12:40 너의 눈동자는 허공 속을 헤매고
(같은 공간 안에서 모두에게 의미 있는 시간을 위해)

수업 종이 울렸다.

나는 비장하게 칠판 앞으로 다가가 숨을 홉 들이쉬고 학습목표를 적고, 수업 활동을 적는다. 아이들을 바라보며 싱긋 웃는다.

아마 이 시간 전국 대부분의 선생님들이 하고 있을 행동이다. 그로부터 10분 후 아이들의 눈동자는 허공 속을 헤매고, 선생님의 설명을 배경음악 삼아 자신만의 즐거움을 위해 안드로메다로 떠나 버린다. 얘들아 돌아와~.

여기에서 문제점은 무엇일까? 이유들이야 많겠지만 그중 내가 짐작하는 이유 중 하나는 하나로 정해 둔 학습목표 때문이 아닐까 한다.

예를 들어 "받아 내림이 있는 (몇십) - (몇십몇)의 계산 원리를 알고 계산할 수 있다"는 학습목표를 세워 한 차시 수업을 진행한다고 치자. 이 수업에서 이미 받아 내림이 있는 (몇십) - (몇십몇)의 계산 원리를 알고 계산할 수 있는 학생에게 '너는 선행 학습 금지법을 위반하였으니 그냥 앉아 아는 내용을 반복하여 다시 들거라.' 할 수는 없다. 수의 계열을 모르는 아이에게는 오늘의 수업이 외계어처럼 느껴질 수도 있다. 그 아이를 학습목표에 도달시키기 위해 수의 계열부터 다시 설명하자면 중간 수준의 아이들은 그 시간을 고스란히 기다려 주어야 한다. 이런 기다림과 포기와 애씀 덕분에 모두가 학습목표에는 도달했을지라도 이 아이들 모두에게 그 시간, 가치 있는 배움이 일어났는지는 생각해 볼 문제이다.

코로나 상황을 겪으면서 온라인 학습에 대한 지평이 넓어졌다. 온라인 수업은 장소의 구애 없이 학습할 수 있고, 소심한 아이들에겐 대면 상황보다 의견을 활발하게 나눌 수 있다는 장점이 있다. 학생들이 온라인 환경에 잘 적응하고 선생님이 조직한 콘텐츠를 집중력 있게 학습한다면 모든 수업이 원격으로 대체가 되어도 상관이 없다는 의견도 있다. 그러나 학교교육은 누구나 알고 있듯 지식 전달만이 목적이 아니다. 학생들은 학교라는 제한된 공간에서 물리적으로 다른 친구들과 부딪히며 자신들의 사회성을 발전시켜 나간다. 선생님은 수업이 끝난 후 학생들이 제출한 결과물을 분석하는 것보다 학습 과정 중에서 그들의 몸짓과 언어, 시선의 흐름을 통해서 학생들이 수업 내용을 잘 이해하는지, 어느 부분에서 주춤하고 있는지 더 정확히 파악하고 즉시 피드백해 줄 수 있다. 이런 오프라인 대면 수업의 장점을 극대화하기 위해서는 one-way로 모두 똑같은 목표와 활동이 계획된 온라인 수업의 형태를 뛰어넘어야 한다. 각자의 속도에 맞게 수업이 진행되어야 하고, 활동이 능력에 비해 너무 s쉽거나 어려울 경우 피드백을 통해 매 순간 활동 내용을 조절해야 한다. 누구의 말마따나 1000명의 학생을 위한 1000개의 교육과정 즉, 학생 맞춤형 교육과정으로 운영해야 한다는 것이다.

선생님이 학생 개개인의 성취 수준을 속속들이 파악하고 있으며 아이들 각자의 흥미와 관심사까지 꿰고 있는 작은 학교의 상황은 이를 실천할 수 있는 아주 좋은 환경일 것이다. 그 시간의 학습목표가 아닌 성취기준을 중심으로 개인별 맞춤 교육과정을 디자인한다면 작은 학교의 교육력이 오를 수 있다.

길가에 쭉 늘어서 있는 바람개비를 보면 모든 바람개비가 동시에 활기차게 돌아가지 않는다. 멈추어 있는 바람개비에게 바람의 방향을 바꾸어 입김을 훅~ 불어 주면 언제 멈추었냐는 듯이 돌기 시작한다. 모든 바람개비가 힘차게 돌 수 있도록 바람개비마다 바람의 방향을 조절해 주는 것이 교사의 역할인 것 같다.

#4 12:40 – 13:40 자연을 먹고 자라는 아이들

(너희는 언젠간 도시의 편리함을 만나겠지만 평생 자연을 모르고 자라는 친구들이 많이 있겠지. 너희들이 알려 주렴.)

수업 시간이 끝나자마자 후다닥 급식실로 달려가 점심밥을 식판 가득히 먹고 또 먹은 뒤 아이들은 텃밭으로 달려간다. 텃밭에 잔뜩 열린 청양고추를 따서 핵불맛이라며 식은땀을 뻘뻘 흘리며 '하나도 안 맵다'고 허세를 부린다. 빨갛게 잘 익은 방울토마토, 오이를 따먹고, 점심 급식으로 먹고 퉤 뱉어 버린 수박씨에서 진짜 수박이 열리는 것도 본다. 배가 두둑이 찬 아이들은 학교 주변을 이리저리 무리지어 다니며 여러 식물과 곤충들을 찾아 나선다. 까도 까도 또 까진다며 '까도까도'라고 이름 붙인 동백꽃 꽃봉오리, 놀이터 곳곳에 있는 구멍에서 찾아낸 개미귀신, 학교 앞 개울가에 물푸레나무 가지를 휘휘~ 저으면 푸르게 번지는 물결. 자연 속에서 저마다의 놀이를 발견하며 자연의 품에서 자란다.

자연과 함께 자라난 아이들은 성인이 되어 도시에 나가게 되면 삭막한 고층 건물이 즐비한 도심 속에서도 자연을 발견할 것이다. 자연을 그저 삶의 배경으로 생각하고 자라난 도심 아이들에게 자연과 더불어 살아가는 즐거움을 가르쳐 줄 수도 있다. 다른 사람들은 발견하지 못한 아스팔트 사이의 작은 풀꽃, 볼 때마다 새로운 볼거리를 제공하는 하늘 속 구름 쇼, 고단한 일과 속 나보다 열심히 일하는 개미들을 바라보며 위안을 삼을 것이다. 삭막한 도시에서 곳곳에 숨은 자연을 발견하며 산다는 것은 더 풍요로운 세상에서 여유로운 마음으로 살아간다는 것을 의미한다.

자연에 둘러싸인 아름다운 작은 학교에서 씨를 뿌린 곳에서 곡식이 자라나는 정직함, 물을 주는 노력의 대가로 한 뼘씩 자라나며 반드시 노력의 보답을 해 주는 식물들, 땅의 자애로움과 풍요로움을 마음속 깊이 간직하며 자라나길 바란다.

#5 14:10 - 15:00 업무, 업무, 업무

얼마 전 작은 학교 네트워크 협의회라는 곳에 다녀왔다. 그곳에서 다른 작은 학교에서 근무하는 선생님들을 만나 사는 이야기를 나누었다. 같은 규모의 작은 학교라 할지라도 학교마다 상황이 다르므로 새롭게 알게 된 것들이 많이 있었다.

그중 부러웠던 학교는 대부분의 업무를 교무 선생님과 행정사님이 처리하고 교사들은 오로지 학생의 삶과 교육에만 전념하는 학교였다. 출장 시간 전까지 온갖 잡무를 처리하다 간 나로서는 부럽기 짝이 없는 상황이었다.

큰 학교에서 작은 학교로 처음 옮겨 가면 가장 당황스러운 것은 업무의 양이다. 큰 학교에서 보조에 계원까지 있는 업무를 작은 학교에서는 혼자 처리하고 그것도 모자라 소수의 인원으로 감당하지 못하는 업무는 갈기갈기 찢어 사이좋게 나누어 갖는다. 구성원에 따라 30대 초반 교직 경험이 적은 선생님이 교무를 맡기도 하고 너나 할 것 없이 처음 맡는 중대한 업무에 자잘한 업무까지 도맡아 하루하루를 힘겹게 보낸다. 큰 학교처럼 취합이 힘든 것도 아니고, 웬만한 업무들은 우리들의 언어로 '그냥 깔고 앉아 버리기'도 하지만 그럼에도 아이들의 교육보다 업무 처리에 시간을 대부분 써야 하는 게 현실이다. 온전히 아이들에게 집중할 수 있는 학교생활은 어떨까? 모든 학교가 지향해 가야 할 방향이다.

미친 듯이 이 업무 저 업무 종횡하던 어느 날 갑자기 정전이 되어 버렸다. 군인이 총을 빼앗겼으니 학교 안에 앉아 있는 건 의미 없단 생각에 전기가 들어올 때까지 논둑길을 산책하기로 하였다. 따사로운 햇살 속에 한가로이 논둑길을 걸으며 이런저런 이야기들을 나누었다. 이야기는 점차 줄어드는 우리 학교 학생 수에 다다랐는데 그것은 학급이 줄어들면 우리 중 누군가는 학교를 떠나야 한다는 생활 밀착형 고민에서 비롯되었다. 학교 단체 티셔츠에 'OO학교로 오세요'라고 홍보 글을 써서 사람 많은 곳으로 현장학습을 떠나자는 우스갯소리부터 '학교의 교육력으로 승부를 내야 합니다' 하는 다소 진중한 의견까지 재미있는 수다를 떨 듯 학교의 미래에 대해 고민하였다. 이 짧은 시간의 논둑길 산책은 그 후 우리 학교의 방향성을 세우고 선생님들을 한마음으로 모으는 시발점이 되었다. 학교에 대한 같은 고민으로 생각을 모은 선생님들은 자발적으로 학교행사들을 기획했으며 한 명 한 명 소중한 학생들을 사랑으로 가르쳤다. 교사들에게 과중한 업무보다 그 틈새에 한가하게 노니는 시간을 제공한다면 학교의 교육과정이 더욱 풍요로워질 것이다.

#6 15:00 - 16:00 공동 교육과정을 위한 협의

두레학교 협의회로 출장을 갔다. 두레학교란 작은 학교의 단점을 극복하기 위한 대안으로 인근 학교들이 함께 교육 활동을 운영해 가는 것이다. 인근 세 학교가 자율 활동의 동아리 시간에 한 학교에 모여 적성에 맞는 동아리 부서에서 활동하고 마지막에 발표회를 갖는 것으로 공동 교육과정을 운영하였다. 문화가 다른 각 학교의 또래 친구들이 만나다 보니 오해와 갈등도 있었지만 그 부딪힘으로 새로운 문화가 이루어지는 의미 있는 시간이었다. 다만 큰 학교까지 이동해야 하니 이동 시간이 만만치 않았다. 대안으로 온라인을 통한 협업도 고려해 보면 좋겠다.

어쨌든 이번 출장의 목적은 수학여행 계획이었는데 비용을 줄이기 위해 큰 버스를 한 대 대절해 세 학교의 학생이 함께 떠나기로 한 것이었다. 담당 선생님과 여행사 직원의 오랜 경험에서 나온 완벽한 계획의 수학여행을 기대했는데, 이건 처음부터 백지 상태의 회의였다. 목적지만 선택한 상태에서 각 학교 아이들이 원하는 체험과 장소를 엮어 나갔다. 여기서 가장 중요하게 이야기한 부분은 식사 메뉴였다. 놀러 가는 것은 아니지만 여행의 기쁨은 먹거리에서 나오므로… 모두의 취향을 고려하여 저녁은 뷔페로 결정하였다. 그 외의 식사들은? 체험 장소 근처의 식당들 중 학생들이 먹고 싶은 가게로 들어가 먹고 있으면 선생님들이 돌아다니며 계산해 주는 방식! 오~ 혁신적이다.

아이들이 "오늘 뭐 먹어요?" 하고 물으면(그것도 매끼마다 빠짐없이 백 번씩은 듣는 질문이다) 선생님은 "응, 오늘 점심은 돈까스"

라고 말하는 게 수순이었는데 참 민주적이고도 인권 친화적인 방식이다.

이런 것들이 작은 학교의 묘미가 아닐까 생각해 본다.

#7 17:00 퇴근

대부분의 작은 학교들은 5시 퇴근 시간까지 아이들이 남아 있는 경우가 많다. 수업만 끝나면 학원으로 뿔뿔이 흩어지는 도심 학교와는 다르게 아이들은 방과후 수업에 들어가기도 하고 운동장을 뛰어다니며 놀기도 한다. 그 시간 동안 일어나는 다툼과 소소한 안전 문제 들은 순전히 담임선생님 책임이기에 마냥 편하게만 있을 수 없지만(사실 이럴 때는 큰 학교의 여유로운 오후 시간이 부럽다) 시끌벅적한 학교 모습이 활력을 주기도 한다. 친구들과 신나게 뛰놀다 집에 돌아갈 시간이 되면 "벌써 집에 갈 시간이야, 시간 진짜 빠르다."며 조잘거리는 아이들의 모습은 보는 것만으로도 힐링이다. 사실 아이들을 보내면 나도 퇴근이니 그보다 더 큰 힐링은 없다. 통학버스에 오르는 아이들을 향해 마음속으로 외쳐 본다.

'얘들아, 집에 잘 다녀오렴!'

#8 20:00 내일을 준비하며

학령인구가 줄어들고 선생님들은 교직 생활 중 한 번 이상은 작은 학교에 근무하게 될 것이다. 7년 동안 작은 학교에 근무하며 든 생각은 작은 학교가 마냥 행복하지도, 그렇다고 마냥 힘들지만도 않다는 것이다.

작은 학교이기에 함께하는 선생님들과의 관계도 신경이 쓰이고 많은 업무에 지치기도 한다. 먼 곳에서 통학버스까지 태워 가며 학교에 보냈으니 그런 노력의 대가를 학교에 당당히 요구하는 학부모님도 있고, 때론 5시가 다 되도록 돌아가지 않는 학생들이 버겁게 느껴지기도 한다.

그러나 학생들을 집단 속 개인이 아닌 하나하나의 독립된 인간으로 마주할 수 있다는 것, 그 성장을 의미 있게 지켜볼 수 있다는 것, 주위의 눈치를 보지 않고 나와 아이들만의 생각으로 1년을 꾸려 나갈 수 있다는 것이 나에게 힘을 준다.

정해진 대로 끌려가지 않고 내가 만들어 가는 것만큼 신바람 나는 일은 없을 것이다. 그런 의미에서 우리 반 아이들과 나에게 작은 학교는 신바람 나는 놀이터다.

나는 오늘도
큰 학교로 출근한다

서면초등학교 교사 **조병국**

교직에 첫발을 내디딘 지 19년. 그중 많은 날을 소위 작은 학교라
는 곳에서 아이들과 살고 있다. 유치원을 포함해 전 학년 아이들의
얼굴을 알고, 가족 같은 분위기의 교직원들과 시작한 건 나에겐 큰
행운이었다. 힘든 일이 생기거나 어려운 일이 생겼을 때 옆에서 함께
고민해 주는 동료가 있고, 작은 일에도 기뻐하고 즐거워해 주는 아
이들이 있는 학교가 바로 작은 학교다.

지금까지 교사라는 자격으로 학교라는 공간에서 잘 살고 있는
것은 초임 시절 겪은 두 가지 좋은 기억 때문이라고 할 수 있을 것 같
다. 하나는 동료 교사와의 기억이고 또 하나는 아이들과의 기억이다.
6학급 100여 명의 작은 학교에서 시작한 병아리 교사에게 남아 있

는 두 가지 기억을 떠올려 본다.

첫 발령지 장흥초등학교에서 아이들이 나에게 지어 준 별명은 '곰탱샘'이었다. 어느 날 보게 된 아이의 공책에서 "우리 반 선생님은 곰탱샘이다"는 낙서를 보게 되었다.

"선생님이 곰탱이면 너희들은 뭐야?"

"새끼 곰이요."

참으로 사람을 행복하게 하는 아이들의 대답이었다.

'그래 나는 곰이고 너희들은 내 새끼들이구나!'

내가 교사가 된 이유와 앞으로 살아가야 할 교사의 길을 한번에 일깨워 주는 사건이었다. 이 작은 에피소드가 작은 학교라는 공간에서 벌어지는 아이들과 선생님 사이의 관계를 설명해 주는 것이 아닐까? 이것이 바로 작은 학교의 힘이라고 생각한다.

학교에 정식으로 출근한 첫날 정신없이 하루가 지나갔다. 내가 무엇을 했는지 또 내가 무엇을 하지 않고 지나갔는지 하나도 기억이 나지 않았다. 도대체 무슨 얘기를 하면서 아이들과 시간을 보냈는지도 모를 정도로 정신이 없었다. 아이들을 보내고 잠시 교실을 떠나 정신을 차리고 교실에 들어온 나에게 뜻밖의 무엇인가가 눈에 보였다. 필통, 볼펜 같은 여러 가지 사무용품들이었다. 그 선물 하나하나 모든 것에는 견출지에 깨끗한 글씨로 내 이름이 적혀 있었다. 분명 내가 산 것은 아닌데, 누가 가져다 놨을까 의아해하며 살펴보니 작은 쪽지가 하나 보였다. 정확한 내용까지는 기억에 남아 있지 않지만 그

쪽지의 의미는 기억이 난다.

"같은 학교에 근무하게 되어 기쁘고 교사가 된 것을 축하합니다. 작은 선물이지만 없으면 답답할 거예요. 선배 교사로서 큰 선물은 아니지만 새로 시작하는 후배에게 무엇인가 해 주고 싶었어요. 첫날 무엇이 필요한지 잘 몰랐던 내 초임 시절 떠올리며 준비했어요. 후에 선생님도 선배가 되면 후배 잘 챙겨 주세요."

이런 내용이었던 것 같다. 이런 경험이 작은 학교에서만 겪을 수 있는 선물 같은 추억이라고는 말할 수 없을지도 모른다. 하지만 작은 학교는 큰 학교에 비해 인간적인 냄새가 나는 다양한 경험을 할 수 있는 기회가 훨씬 많은 것은 사실이다. 이렇게 나의 초임이 시작되었고, 이 선물 같은 순간이 모여 지금 나는 내 일에 보람을 느끼고 아이들과 행복하게 지내고 있다.

강원도에는 수없이 많은 작은 학교들이 존재하고 있다. 이런 현실 속에서 작은 물음이 하나 마음속에 자리 잡게 되었다.

'과연 이런 작은 학교에는 어떤 희망이 숨겨져 있을까?'

많은 사람들이 작은 학교를 보며 걱정을 한다. 저렇게 작은 학교가 제대로 운영이 될까? 험난한 세상을 살아갈 힘을 저런 작은 학교에서 키울 수 있을까? 저런 작은 학교가 경쟁력이 있을까? 지금부터 이런 물음에 대해 대답을 해 볼까 한다. 작은 학교에는 큰 학교에는 없는 희망이 숨겨져 있다. 어떤 희망이 숨겨져 있는지 찾아보기 위해 작은 학교의 경험을 다른 사람들과 공유해 보고자 한다.

희망 하나, 작은 조직으로 움직이는 학교

많은 사람들이 학교가 작다고 걱정을 한다. 아이들 수가 적으면 배움의 기회나 다양한 체험 기회 또한 적다고 생각한다. 또한 적절한 경쟁을 배울 수 없다고도 한다. 어떤 부분에서는 맞다고 할 수 있으나 사람들이 걱정하는 작은 학교의 문제는 학교 자체의 문제가 아니라 학교가 자리하고 있는 지역의 문제라고 할 수 있다. 오히려 작은 학교는 조직의 크기가 작아 앞으로 학교가 나아가야 할 방향이라고 할 수 있다. 프로젝트나 프로그램을 실천하기 위해서는 큰 조직보다는 작은 조직이 더 효율적이다. 크게 보면 학교라는 공간은 교육이라는 장기적인 프로젝트를 실천해 나가는 공간이다. 그러므로 학교도 큰 조직보다는 작은 조직으로 구성되어 있어야 한다. 기업이나 기관에서도 팀 단위로 사업을 추진하는 모습을 많이 볼 수 있다. 작은 학교는 조직이 작아 다양한 교육 활동을 하는 데 매우 효과적이다.

학교에서 아이들에게 수업을 하는 교사는 특별한 경우를 제외(보건 수업 또는 가끔 하게 되는 외부 강사 수업)하고는 담임교사 또는 전담교사가 전부이다. 작은 학교에서 근무하다 보면 수업을 진행해 줄 수 있는 교사의 범위가 넓어진다. 예전에 근무하던 학교의 교

교장 선생님과 수업하는 아이들

감 선생님은 서예를 매우 잘하시던 분이셨다. 대부분 학교에서 교감 선생님은 담임교사의 수업 결손이 있을 때를 제외하고 수업을 할 일이 거의 없다. 하지만 이 학교에서는 서예 시간에 교감 선생님께 수업을 요청하면 직접 수업을 진행하셨다. 큰 학교에서는 이런 시스템으로 수업을 진행하고자 해도 불가능하다. 나름대로의 자리에서 해야 할 일이 정해져 있기 때문이다. 하지만 작은 학교에서는 본인의 의지에 따라 충분히 가능하다. 지금 있는 학교의 교장 선생님은 환경에 관심이 많을 뿐만 아니라 농작물이나 다양한 꽃식물에 대한 지식이나 재배 경험이 많으시다. 이런 이유로 환경에 관련된 수업이나 식물을 재배할 때 직접 수업을 진행하거나 많은 도움을 주신다. 큰 조직의 학교보다 오히려 조직이 작기 때문에 누구나 아이들의 선생님이 될 수 있다.

5학년 담임을 하던 때 있었던 일이다. 당시 5·6학년 학생 수는 두 학년을 합쳐 40여 명에 불과했다. 45인승 버스 한 대에 함께 타면 버스 한 대 비용으로 두 학년이 체험학습을 갈 수 있는 상황이었다. 6학년 선생님과 의논한 끝에 도시 체험학습을 같이 진행하기로 했다. 최소한의 비용으로 아이들에게 새로운 경험을 제공하기 위해 다음과 같은 체험학습 프로그램을 진행한 기억이 난다.

	교통편	체험 코스
1일차	백마고지역→의정부역→서울	오전 : 대학로 연극 공연 관람 오후 : 동물원, 놀이공원
2일차	서울→의정부역→백마고지역	오전 : 고궁 관람, 명동 체험 오후 : 귀가

5·6학년 도시 체험학습

학부모님들의 협조를 받아 출발지(도착지)인 백마고지역에 모여서 전철을 타고 의정부역까지 간 이유는 예산을 아끼고 전철이라는 교통수단을 경험하게 해 주기 위한 목적이었다. 백마고지역에서 출발할 수 있었던 것은 학부모들과 소통이 원활한 작은 학교의 특성이 있어 가능한 것이었다. 큰 조직에서 이런 행사를 진행하려고 하면 거쳐야 하는 단계도 많으며 동의를 얻어 내기도 쉽지 않다. 체험학습의 코스를 구성하는 것도 참여 인원이 많지 않으므로 조금 더 자유롭게 짤 수 있었다. 체험학습을 진행하기 위해서는 많은 절차와 책임이 뒤따른다. 조직이 크면 이러한 절차는 더 까다로우며 책임도 더 커진다. 작은 학교는 조직이 작아 일의 진행 속도도 빠르며 장소를 정하거나 이동할 때 훨씬 자유롭다고 할 수 있다. 이러한 예는 단지 체험학습에 국한되는 것은 아니다. 학교교육 활동 속에는 크고 작은 많은 사업들이 존재한다. 이러한 사업들을 진행하기 위해서는 복잡한 절차와 책임이 뒤따르게 된다. 조직이 작으면 이러한 사업의 진행 절차와 속도가 대폭 줄어들어 효율적으로 진행할 수 있다. 조직이 작아 일을 하기 힘든 것이 아니라 조직이 작아 효율적으로 일을 진행할 수 있는 것이다.

희망 둘, 환경을 생각하는 작은 학교

작은 학교의 대부분은 농어촌 지역에 있다. 당연히 자연과 가까우며 자연과 더불어 살아갈 수 있는 환경이 늘 함께한다. 그래서 특별한 교육 기반을 다지지 않아도 환경을 생각하는 생태교육이 자연스럽게 이루어진다. 내가 현재 근무하고 있는 곳은 철원의 작은 학교 서면초등학교라는 곳이다. 현재 전교 학생 수는 53명이며 6학급으로 이루어진 전형적인 작은 학교이다. 우리 학교는 봄부터 시작하여 늦가을까지 생태교육을 다음과 같이 진행하고 있다.

프로그램명	세부 내용	교육 대상	교육 장소	시기
DMZ 생태 체험	- 동물 탐방 ·DMZ에 서식하는 동물(두루미, 독수리 등) 탐방하기 - DMZ 생태 환경 탐구하기 ·철새가 서식하는 DMZ 생태 환경 탐구하기 - 우리 고장 농촌 체험 ·농업과 관련된 생태 체험하기	전교생 교직원	DMZ 두루미 평화타운 등	9~11월 (학년별 운영)
생태 환경 가꾸기	- 생태 텃밭 운영 ·학년별 다양한 작물 재배 및 수확 ·교과 연계(과학, 실과 등) 텃밭 관련 생태교육 실천 등	전교생 교직원	생태 텃밭	연중
	- 야생화 단지 운영 ·야생화 식재 ·야생화 풋말 추가 구입 등	전교생 교직원	야생화 단지	연중
	- 생태 어항 운영 ·생태 어항 가꾸기 ·관찰 공간을 활용한 탐구 활동 운영	전교생 교직원 학부모	생태 어항	연중
학교행사 연계 환경교육	- 독서 행사 연계 활동 - 과학의 날 행사 연계 활동	전교생	도서관 과학실	연중 4월
환경보호 프로젝트	- 친환경 학교 문화 실천 ·일회용품 안 쓰기, 물 아껴 쓰기 등 환경 보전 교육 지속 실천 등	전교생 교직원 학부모	학교	연중
	- 친환경 학교 환경 조성 ·분리수거함 운영	전교생 교직원 학부모	학교	연중
	- 환경 보호 동아리 운영 ·DMZ 탐구 프로젝트 활동 ·학교 주변 생태 환경 탐구 등	3학년	학교, 서면 산책로 등	연중

우리 학교 생태교육 프로그램

교장 선생님과 함께 칸나를 심고 있는 아이들

학교 주위에는 아이들과 함께 가꿀 수 있는 텃밭이 있다. 학년별로 텃밭을 나누어 각 학년에서 원하는 작물을 다 함께 재배하게 된다. 봄에 씨앗을 뿌리거나 모종을 심고 농약이나 제초제의 도움 없이 온갖 작물을 가꾼다. 상추, 고추, 파프리카, 옥수수 등 종류도 매우 다양하고 작물이 자라는 시기가 제각각이다. 먹을 수 있을 만큼 자란 작물들은 아이들이 편하게 집으로 가지고 갈 수 있다. 이러한 과정 속에서 우리가 먹는 식재료들을 어떻게 키우고 어떤 과정을 통해 자라나는지 알게 된다. 작물을 키우면서 농사의 어려움을 이해하고 농작물을 키우는 분들의 노고를 조금이나마 이해하게 된다. 또한 인간이 먹기 위해 작물을 키울 때 사용되는, 환경을 파괴하는 농약이나 제초제를 사용하지 않음으로써 환경을 먼저 생각하는 경험을 제공하게 된다. 이러한 경험들을 자연스럽게 하면서 아이들은 환경을 먼저 생각할 줄 아는 어른으로 자라나게 될 것이다.

우리 학교에서 생태교육을 진행하면서 가장 인상적인 것은 관리자들과 아이들의 관계였다. 작은 규모의 학교에서 관리자는 그저 관리자로만 존재하지 않는다. 전교생들의 얼굴과 이름을 알고 아이들 한 명 한 명에게 많은 관심을 보인다. 어느 날 교장 선생님이 우리 학급 아이들과 같이 시간을 보내도 되냐고 물으셨다. 점심을 먹은 후 20분쯤 여유가 있어 그렇게 하시라고 말씀드리고 아이들을 데리고 교장 선생님께 가게 되었다. 교장 선생님은 아이들을 데리고 텃밭으로 가서 아이들과 함께 꽃모종을 심으셨다. 그다음 날 우리 반 아이들을 데리고 한 시간 동안 수업을 진행하기도 하셨다. 큰 학교에서는 생각해 보지 못했던 모습이었다. 학교에서 아이들의 스승은 담임교사뿐 아니라 누구든 될 수 있다는 소중한 경험이 되지 않았을까 한다.

희망 셋, 공간과 시간의 제약에서 자유로운 수업 환경

우리 사회는 현재 '코로나19'라는 초유의 사태를 겪고 있다. 아직 해결될 기미는 보이지 않고 있으며 해결되리라고 예단할 수도 없는 상황이다. 또한 코로나가 해결된다고 하더라도 또다시 비슷한 상황이 벌어질 수 있다고 한다. 이러한 팬데믹 상황은 학교교육 현장에도 많은 변화를 가져왔다. 그것이 바로 원격수업이라는 낯선 교육 환경이다. 현재 근무하고 있는 철원은 이른 시기부터 전면 등교를 하고 있지만 많은 큰 학교들은 아직도 원격수업과 대면수업을 병행하고 있다. 처음 원격수업을 하게 되었을 때 큰 학교에 비해 작은 학교들은 발 빠르게 대처할 수 있었다. 그럴 수 있었던 이유는 바로 공간과 시간으로부터 자유로운 수업 환경을 가지고 있으며 규모가 작아 새로운 환경에 적용하기 쉽기 때문이다.

원격수업이란 시스템이 도입되었을 때 교사뿐 아니라 아이들도 당황한 것은 마찬가지였다. 원격수업을 해야 하는 나는 학습 꾸러미뿐만 아니라 실시간 수업을 진행하기로 결정하였다. 실시간 원격수업을 위해 줌을 선택하였다. 하지만 문제는 줌이라는 시스템을 통한 실시간 수업을 하기 위해서는 아이들이 시스템에 접속하여 수업에 참여하는 방법을 알아야 한다는 것이었다. 일단 급한 대로 학습 꾸러미를 제작하였고 아이들 집을 일대일로 방문하여 접속이 어려운 아이들을 지도하기로 하였다. 몇 명의 아이들만 지도하면 되기 때문에 새로운 수업 시스템을 도입하는 게 수월하였다. 지금은 학급당 학생 수가 적은 작은 학교의 특성상 전면 등교 수업을 진행하고 있다. 또 다른 문제가 발생하게 되어 새로운 수업 방안을 시도해야 한다 해도 학생 수가 많은 큰 학교에 비해 어렵지 않게 시도할 수 있지 않을까 한다.

야외 정원에서 수업하는 아이들

작은 학교는 교실이나 학교의 많은 공간에 여유가 있다. 그렇기 때문에 학교 전체가 교실이 될 수 있다는 장점이 있다. 체육관이나 정보화실 같은 다양한 특별실을 원활하게 쓸 수 있다. 큰 학교들은 학기 초 특별실 사용 시간 계획을 세우고 정해진 몇 시간만 쓸 수 있다. 일정 시간은 특별실을 쓸 수 없는 경우가 많다. 수업에 도움이 되는 환경을 온전히 쓸 수 있는 것도 작은 학교만의 장점이라고 할 수 있을 것이다. 작은 학교는 어떤 곳도 교실이 될 수 있다. 아이들의 수가 적기 때문에 작은 공간에서도 수업이 가능하기 때문이다. 또한 학교 주변이 잘 정돈되어 있으며 그리 시끄럽지 않아 수업하기에 적당하다.

희망 넷, 모두가 가족인 작은 학교

학교에서 하는 업무 중 하나가 학부모 상담이다. 학부모 상담을 할 때 늘 물어보는 질문이 있다.

"아이를 학교에 보내고 무엇이 가장 걱정이세요? 아이가 학교에서 어떻게 지내길 바라세요?"

"우리 아이가 아이들과 잘 지내는지 제일 걱정돼요. 학교생활 하면서 교우 관계를 잘 맺고 살았으면 좋겠어요."

부모님들이나 담임인 나나 아이들이 늘 잘 지냈으면 하는 바람을 가지고 지낸다. 학교폭력이 없는 학교가 그리운 것은 나만 겪고 있는 현실은 아닐 것이다. 형제가 없는 외동아들, 외동딸이 늘어나고 학원을 다니느라 동네에서 친구들과 어울리지 못하고 사는 것이 요즘 아이들의 일상이다.

아이들은 형제 사이에서 사회생활의 기본을 익히고, 동네에서 친구들과 놀거나 동네 형, 누나들과 지내며 사회생활을 익히기 시작한다. 하지만 요즘 아이들은 그런 단계를 겪지 않고 학교에 입학한다. 가정에서는 항상 귀한 자녀로 대접받으며 친구들 사이에서는 늘 배려받아야 하는 존재로 사회생활을 시작하게 되는 것이다. 작은 학교에서는 바람직한 사회생활의 기본을 익힐 수 있다. 같은 반 친구는 물론 최고 형님 학년에서 막내 학년까지 서로 이름을 부르고, 인사

4학년과 5학년이 함께 피구 하는 모습

를 하는 것이 작은 학교에서의 일상이다.

　운동장에서 뛰어놀다 아래 학년 동생이 넘어져 다치면 자기 친동생처럼 부축해 보건실로 데려온다. 운동장에선 학년과 상관없이 서로 어울려 놀기도 한다. 예전 내 어린 시절 동네에서 놀던 그런 모습이 자연스럽게 이루어진다. 이런 자연스러운 모습에서 서로를 배려하고, 소통하는 인성을 체득하게 된다. 큰 학교나 작은 학교나 친형제가 없는 경우는 매한가지이다. 하지만 작은 학교에서는 친형제를 통해 배울 수 있는 많은 것들을 학교라는 공간에서 간접적으로나마 배워 나가게 되는 것이다.

　우리 반 아이들은 지난해 담임선생님 교실에 자연스럽게 들어가 수업과 생활지도에 피곤해하는 교사를 위로할 줄 아는 아이들로 자

큰 학교 행복한 여섯 가족

라났다. 이런 행동들은 과연 수업으로 가르칠 수 있는 것일까? 작은 학교는 이렇게 학교 구성원들을 가족으로 만들어 준다.

나는 오늘도 작은 학교로 출근한다. 아니 난 오늘도 큰 학교로 출근한다. 마음이 큰 아이들로 가득하며 수없이 많은 희망을 가지고 있는 이 학교는 참으로 크다. 그래서 난 오늘도 큰 학교에서 살고 있다. 이 큰 학교에서 아이들과 꿈을 꾸고 아이들이 조금 더 행복하게 살아갈 수 있도록 작은 힘을 보태고 있다. 크기만 큰 많은 학교들이 작은 학교가 되었으면 좋겠다. 그래서 따뜻한 만남으로 가득한 학교가 되었으면 좋겠다.

아이들이 희망이 되고 그 희망이 세상을 밝게 빛낼 수 있도록 힘이 되어 주는 작은 학교가 많아지길 기도하며 오늘도 아이들과 잘 살아 봐야겠다.

작은 학교의 행복, 아이처럼 아이들과 함께 살아가기

용대초등학교 교사 김미영

'비가 와서 다리가 끊어졌을 때, 국가는 다리를 놓아 주면 되지만, 교육은 아이를 등에 업고 강을 건너가는 것이다.'

예비 교사 시절, 임용 고사를 준비하며 읽은 책 글귀다. 내가 선생님이 되면 이렇게 할 수 있을까 생각했다.

춘천과 홍천, 인제 지역의 다섯 개 학교에서 25년을 보냈다. 한 학교마다 모두 5년 만기로 근무하는 것이 쉬운 일이 아니지만, 늘 발령받은 첫해, 꼬마였던 2학년이 의젓한 6학년으로 졸업하면 나도 새로운 학교로 전근했다.

6학년 담임을 맡으면 1년마다 헤어지는 게 무척 아쉬웠다. 해마다 한 명부터 열 명(보통 3~6명 정도) 정도 되는 아이들을 담임하면서 '내가 가르친 아이들 사이에서 내가 더 큰 연결 고리가 될 수 있다면 나중에 이 아이들이 사회생활을 할 때도 서로 도움이 되지 않을까?' 하는 생각을 막연히 한 적이 있었고 거의 매년 6학년을 1순위로 담임 배정 희망원을 썼다. (아쉽지만 학교 상황 때문에 다른 학년을 담임해야 할 때도 많았다.)

2021년, 올해는 담임 경력 25년 차에 열네 번째로 인연이 된 6학년 여섯 명을 만났다. 2017년 귀둔초등학교에 와서 5년 동안 6학년 담임을 했고 최근 3년간은 교무 업무도 함께 맡았다. 6학년 담임을 하면서 교무 업무를 함께 처리하니 아이들과 같이하고 싶은 것들을 마음껏 찾고 다양한 예산을 활용해서 아이들과 하고 싶은 활동들을 기획할 수 있다는 것이 큰 장점이었다.

휴~ 참 다행이다!

올해 6학년을 만났기 때문이다.

3월, 올해는 등교 전날의 폭설로 하루 쉬고 그다음 날 등교했다. 나는 아이들에게 너희를 무척 많이 기다렸고 너희를 만나서 행복하고 기쁘다고 솔직하게 말했다. 아이들도 내 마음을 알까? 우리에게 주어진 1년의 시간은 함께 마음 맞춰 만들어 가야 하기에 우리들의 약속을 정하는 것은 중요한 일이라고 생각한다.

6학년이 되어 하고 싶은 일을 찾아내고 우리 반 규칙 세우기 활동을 하는 것은 생각보다 시간이 많이 걸린다. 큰 종이에 아이들 각자가 6학년이 되어 해 보고 싶은 활동들을 포스트잇에 기록해서 자유롭게 붙였다. 포스트잇에 아이들 이름을 쓰거나 아이마다 포스트잇의 색깔을 다르게 정하면 의견을 구분하기가 더 쉽다. 신기하게도 아이들은 물 만난 고기처럼 신이 나서 6학년 때 하고 싶은 활동들을 끊임없이 찾아냈다. 항상 생각하는 것이지만, 이렇게 하고 싶은 것들이 많은 아이들이었구나 싶다. 올해 꼭 다 해 보자고 아이들과 함께 다짐했다.

아이 한 명이 '눈밭에 파묻혀 있기'를 하고 싶다고 썼다. 오! 오늘은 눈밭에 파묻히기 딱 좋은 날이다. "얘들아~ 눈싸움하자!"

아무도 밟지 않은 새하얀 운동장에서 우리들만의 눈싸움이 시작되었고, 아니길 바랐지만 집중 공격 대상은 바로 나였다. 신나는 웃음소리가 운동장에 가득했다. 매일매일 눈싸움 수업만 하면 참 좋겠지?

보통 3월 첫 주에는 아이들에게 선생님 사용 설명서를 만들어 주기도 하고, 부모님과 선생님이 아이에게 바라는 점, 아이가 부모님

과 선생님께 바라는 점 들에 대해 아이들과도 많은 토의를 한다. 처음에는 이야기하는 것을 어려워하는 경우도 있지만, 대부분은 며칠 안에 활발히 자신의 의견을 이야기한다.

나는 담임을 맡으면 부모님 특히 어머니들과 대화방을 만들어서 필요한 협조나 도움에 대하여 의견을 많이 나눈다. 6학년의 경우, 많은 아이들이 사춘기에 접어들기 때문에 가정의 도움 없이 학교교육만으로는 해결하기 어려운 점들이 많기 때문이다. 아이들에게는 "선생님은 부모님과 긴밀하게 대화하고 상의해서 우리들의 활동에 대해 지원받을 것이며, 부모님도 우리 활동을 잘 알고 계시는 것이 맞는 일이니 너희들이 불편해하지 않았으면 좋겠다."는 이야기를 해 준다. 기특하게도 아이들은 내 의견에 협조적이었고 부모님과 함께 상의해서 다양한 교육 활동을 진행하는 것에 불만을 갖지 않았다.

매년 3월 첫 주에 무궁무진한 놀거리를 함께 찾고 아이들의 흥미와 관심사를 알아내는 것이 내 큰 숙제다. 이 과정을 통해서 1년 놀거리 찾기부터 6학년만의 체인지메이커 활동 주제들이 발견되기 때문이다. 항상 '놀이는 학습처럼, 학습도 놀이처럼' 아이들이 즐겁게 노는 가운데서 자연스럽게 학습이 이루어지면 좋겠다.

스스로 판단하고 선택하는 것이란?

나는 '자신에게는 열정을, 타인에게는 배려를'이라는 급훈을 가장 좋아한다. 한마디로 무슨 일이든 적극성과 열정을 가지고 도전하되, 그 과정에서 다른 사람에게 피해를 주지 않는 배려의 생활을 하자는 것이다. 급훈을 이야기하면서 나는 평소에도 아이들에게 질문을 많이 한다.

"만약 어떤 아이가 복도에서 최선을 다해 전속력으로 달린다면 무척 열정적인 모습이겠지요?"

순간 한 아이가 고개를 갸우뚱하며 말했다.

"그건 열정적인 것은 맞는데, 복도에서는 뛰면 안 되지요."

"좋아요, 그럼 왜 문제가 생기는 걸까요?"

"다른 반 수업에 방해를 할 정도로 시끄럽기도 하고 다칠 수도 있어서요."

"맞아요. 다른 말로 하면 다른 사람에게 피해를 준다는 점에서 배려가 부족하기 때문입니다. 선생님을 포함해서 우리 모두는 열정적으로 활동하되, 다른 사람을 배려하는 행동인지 잘 판단해서 열정과 배려가 동시에 만족되는 행동을 했으면 좋겠어요. 예를 들면, 숙제 잘하기는 어떨까요?"

"숙제를 잘해 오면 숙제한 사람에게는 당연히 좋은 거니까 열정적인 일이지요."

"잘 이해했네요. 그럼 여러분은 배려가 무엇이라고 생각하나요?"

"남을 돕는 것?"

"좋은 의견이에요. 선생님은 배려가 다른 사람을 걱정하게 하지 않는 것이라고 생각해요. 숙제 잘하기는 배려에 해당될까요?"

"숙제를 잘하면 선생님과 부모님께서 속상하지 않으시니까 배려가 되겠어요."

"그래서 이제는 선생님이 어떤 행동을 일일이 하지 말라고 이야기할 이유가 없을 것 같아요. 여러분은 앞으로 열정과 배려 두 단어를 기억하고 행동해 보세요. 선생님과 함께 '자신에게는 열정을, 타인에게는 배려'를 함께 실천해 봅시다."

나는 규칙 자체를 알려 주기보다는 아이 스스로 문제 상황을 판단하고 각자의 행동을 결정하는 것을 중요하게 생각한다. 그래서 아이가 크고 작은 규칙을 지키지 못하는 일이 일어나거나, 할 일을 미루는 습관 같은 행동들을 할 때면 우리들의 대화는 길어지기 마련이었다. 하지만 이런 과정이 반복되고 아이들 스스로 생각하고 결정하는 과정을 통해서 아이들의 문제 행동은 점차 줄어들었다. 아이들은 나와의 약속 때문이 아니라 스스로에게 어떤 가치를 선택할 것인지 결정하면서 규칙과 약속을 잘 지키려고 더욱 노력했고 나는 그 모습을 지켜볼 수 있었다. 아이들이 1년 동안 '열정과 배려'라는 두 단어의 의미를 잘 실천해 왔다는 점을 잊지 않고 성인이 되어서도 스스로와의 약속을 지켜 가기를 바란다.

우리 선생님의 제자였던 선배들이 우리 학교에 오다니

아이들은 무척이나 신기해했다. 6학년 때 만난 아이들이 졸업하고 중·고등학생이 되었는데도 나와 계속 만나고 있기 때문이었다. 나는 초등학교를 졸업한 중·고등학교 제자들과 진로나 직업과 관련하여 연락을 주고받는 경우가 많다. 나는 중·고등학교 제자 각자가 관심을 갖고 있는 직업을 가진 사회인이나 지인들을 연결시켜 주어 사회적 진로 멘토 관계를 맺도록 해 주었다. 특히 코로나19가 없던 시기에는 대학수학능력시험을 치르는 제자들이 있는 해에는 담임을 맡고 있는 아이들을 데리고 제자의 고등학교를 찾아가서 수능 응원 선물과 편지 들을 전달해 주었다. 보통은 공부에 방해가 될까 봐 고등학교 운동장에서 만났지만 기회가 좋을 때는 빈 교실로 초대받아 함께 이야기를 나누기도 하였다. 초등학생인 아이들은 난생 처음 보는 고등학교 입시 문화가 신기했는지 복도에서 숨소리조차 못 내면서도 고등학교의 분위기를 온몸으로 느끼는 듯했다. 수능이 끝나면 수능을 치른 제자들은 자기들을 찾아왔던 초등 동생들을 만나러 과자를 사 들고 학교를 찾아오기도 했다.

6학년들은 고등학교 선배들이 초등학교에 찾아오면 신기함과 호기심으로 선배들을 대해 주었다. 또 자신들도 나중에 초등학교 후배들이 생기면 초등학교에 찾아가겠다고 말한다. 중·고등학생인 제자들과 성인이 된 제자들은 6학년 후배들을 찾아와서 간호사, 군인, 미용사 같은 진로 직업 상담, 마술사 제자가 속한 마술 공연팀의 마술 공연, 피자나 치킨, 과자 같은 간식 함께 먹기, 즐거운 축구 놀이, 6학년 졸업식에 참여하여 선배들이 모은 장학금을 전달하는 등 다양한 활동을 하고 있다. 6학년들에게 또 다른 선배 선생님이 되어 주는 다 큰 제자들이 참 고마울 뿐이다.

사서 하는 쌩고생 프로젝트, 들어는 봤니?

고생은 고생인데 즐거운 고생도 있다. 우리 반 6학년들은 체인지 메이커를 통해서 사회를 만난다. 올해는 매월 '사서 하는 쌩고생 프로젝트'를 아이들과 계획하였다. 아이들이 조금만 힘들어도 포기하거나 불평하는 경우가 많은데 일단 도전해 보자는 마음으로, 끈기를 길렀으면 하는 마음으로 시작한 활동이었다. 그래서 활동 제목도 사서 하는 쌩고생 프로젝트다. 아이들은 처음에는 이걸 왜 하는 건가 하면서도 그 안에서 즐거움도 찾게 되었고 다른 사람들에게 도움이 되는 봉사의 즐거움도 느끼게 되었다. 쌩고생 프로젝트의 특징은 아이들이 스스로 활동 주제를 찾고 실천 과정을 기획하여야 할 것, 실제 생활 속에서 아이들이 실천할 수 있는 내용이어야 하며 우리도 즐거워야 하고 다른 사람에게도 봉사할 수 있는 요소가 포함될 것, 그리고 활동 결과는 우리 아이들에게만 국한되지 않고 다른 사람들(다른 학년 아이들, 교직원과 학부모님들, 지역 주민 등)에게도 혜택이 주어지는 사회적 기여가 될 것. 이 세 가지가 사서 하는 쌩고생 프로젝트의 중요한 조건이다.

아이들이 등교 첫날 하고 싶다고 포스트잇으로 붙여 둔 활동 중에서 약간은 고생스럽겠다 싶은 것들을 주제로 결정한다. 의외로 아이들이 쌩고생 프로젝트에 참여하는 것을 좋아하고, 힘든 순간이 와도 "쌩고생인데 이 정도는 해야죠!" 하면서 스스로 선택한 고생을 포기하지 않고 기꺼이 즐긴다.

처음에 기획한 쌩고생 프로젝트는 아이들의 엉뚱한 생각에서 시작되었다. 전학 온 아이가 자신은 초등학교 내내 생일 파티를 학교에서 단 한 번도 해 보지 못했다는 이야기를 했다. 다른 아이들도 생일날 자신만을 위한 특별한 축하를 받아 본 적이 없다고 했다. 그래서 우리는 특별한 생일 파티를 쌩고생 프로젝트의 주제로 정했다. 더욱 기발한 아이디어는 아이들에게서 나왔다. 생일의 주인공인 지우네 집까지 모두 걸어가 지우네 앞마당에서 생일 파티를 해 보자는 것이었다. 나도 25년 근무하면서 반 아이들과 함께 마을을 50분이나 걸어 다니며 집 마당에서 생일 파티를 한 경험이 한 번도 없었다. 참 재미있겠다 싶었다. 아니나 다를까 이미 아이들의 마음은 지우네 마당에 가 있었다.

좋아! 그렇다면 일단 해 보자. 대신 우리는 이 활동 과정에서 어떤 어려움들을 찾아볼 수 있을까? 그리고 마을을 지나가면서 다른 사람들에게 의미 있는 일을 할 수 있을까? 재작년 졸업한 선배들이 시작한 체인지메이커 활동 결과도 갑자기 궁금해졌다. 재작년 선배들은 마을의 버스 정류장 위쪽에 통풍구가 많아 비가 새는 문제점과 유리창이 투명하지 않아서 시력이 안 좋은 할머니, 할아버지들이 버스가 도착한 것을 잘 구분하지 못한다는 점을 발견해서 인제군수님한테 버스 정류장을 고쳐 달라는 편지를 보냈다.

지금 버스 정류장에는 어떤 변화가 있을까? 아이들이 마을의 삶에 관심을 갖는 순간이었다. 버스 정류장은 비가 들이치는 공간이 막혀 있었고 투명 유리창으로 바뀌어 있었다. 졸업한 선배들이 참 좋은 일을 했다면서 아이들은 기뻐했다. 이후 학교에 돌아와서 인제군수님한테 감사 편지를 다시 보내 드렸고 5월에는 인제군수님의 초대를 받아 인제군청에서 즐겁게 면담하기도 하였다.

우리는 마을을 걸으며 길 청소를 해 주시는 할머니, 할아버지들
이나 만나게 되는 모든 어른들께 인사를 공손히 잘하는 활동을 추
가했고, 농협지소, 출장소 같은 공공 기관에 들러 인사를 드렸다. 따
뜻한 봄볕을 받으며 50분간의 쌩고생을 마친 후, 지우네 마당에서
돗자리 펴고 우리들만의 생일 파티를 했던 추억은 평생을 두고 아이
들의 마음속에 깊이 남을 것이다.

4월에는 아이들이 학교 1, 2층 복도의 사물함 속 물건들이 뒤죽
박죽 섞여 있고 망가진 물건까지 있다고 불편함을 호소했다. 나는 아
이들 스스로 문제점을 찾았으니 축하한다고 말했고 함께 해결해 보
자고 제안했다. 아이들은 내가 미처 생각하지 못한 점들까지 제안했
는데 사물함 정리 봉사 활동에 참여할 아이들을 구하는 벽신문까

지 만들어 붙였다. 그리고 봉사 활동을 희망한 아이들을 대상으로 2차 면접 심사까지 한 것이다. 아이들은 면접 질문지를 만들면서 재미있어했다. 봉사 활동에 참여하고 싶어 하는 동생들의 마음이 상하지 않도록 모두 합격시켜 주었지만, 면접을 통해서 활동 규칙을 알려 주고 고생스러움을 각오해야 할 것이라는 마음가짐까지 갖게 해 주었으니 일석이조의 결과를 얻었다. 쌩고생 프로젝트를 통해서 1, 2층 복도 사물함은 새로운 학용품들로 채워졌고, 모두가 쓰기 편리하게 잘 정리되었다.

온라인으로 만나는 더 큰 세상,
새 친구들도 찾고 공부도 함께하고

우리에게는 색다른 도전이었다. 작은 학교에 근무하면서 항상 많이 아쉬웠던 부분은 한 학년에 조금 더 많은 아이들이 있었으면 하는 점이었다. 6학급 규모의 작은 학교 특성상 대부분 수년째 같은 아이들이 같은 반을 유지하기 때문에 학습 자극제도 부족한 편이고, 다른 동학년 아이들을 만날 수도 없었다. 그래서 나는 대도시에서 멀리 있는 농산어촌 벽지의 작은 학교일수록 온라인이나 ICT 등을 적극 활용해서 다양한 친구들과 교육 전문가들을 쉽게 연결시키는 것이 필요하다고 생각한다. 나는 25년 동안 정보화교육을 연구하면서 기술이 수업을 방해하지 않도록 하면서도, 어떻게 학교 바깥과 아이들을 연결시킬 수 있을까에 대한 고민을 많이 해 왔다. 같은 고민을 하고 있던 강원도 고성 지역 바닷가의 작은 학교 6학년 담임선생님과 함께 소프트웨어 교육과 독도 교육을 온라인으로 공동 수업을 한 것도 큰 보람이었다. 다른 학교 동학년과 온라인으로라도 연결한다는 것은 내가 줄 수 없는 소중한 경험들을 우리 반 아이들에게 줄 수 있기 때문이다.

내가 생각하는 기술 활용의 목적은 '연결'이다. 아이들의 생각을 연결하고 다양한 콘텐츠를 연결하며 아이들을 교실 바깥세상과 마음껏 연결하는 것이다. 작은 학교는 대부분 아이들 수가 적기 때문에 기술을 타고서라도 인적, 물적 자원들과 연결되는 것이 필요하다고 생각한다. 수업을 준비할 때 무조건 기술부터 어떻게 사용할 것인가를 생각하는 것보다는, 기술이 오히려 아이들이 고민하고 생각할 기회를 빼앗지 않는지 더 많이 고민해야 한다. 수업을 처음 설계할 때 기술의 도움을 받지 않고서는 해결되기 어려운 경우에만 기술을 적용할 수 있어야 한다고 생각한다.

토마토 프로젝트는 처음이지?

2020~2021년까지 코로나19로 인하여 다른 지역으로 현장 체험학습을 떠나는 게 많이 어려운 상황에서 2년 동안 마을에 있는 학부

모님의 토마토 하우스 한 동을 기증받아 아이들과 '토마토 프로젝트'
를 진행하였다. 코로나19로 학교에 나오지 못하는 아이들을 위해서
원격 화상으로 토마토 하우스에서 작업하는 모습을 연결하여 토마
토 모종을 심는 활동을 실시간으로 중계하기도 하였다. 아이들이 토
마토 하우스에 간 횟수는 2020년에 총 25회, 2021년에는 총 22회였
다. 토마토 곁순 따기도 힘들었는데, 뜨거운 하우스 안에서 10분만
머물러도 아이들은 땀을 주르륵 흘렸다.

　하지만 우리는 쌩고생 프로젝트를 경험하였기에 고생스러움을
고생으로 생각하지 않게 되었다. 오히려 고생하는 부모님과 농사짓
는 마을 주민들께 고마운 마음을 갖게 되었다. 3D프린터로 나만의
도장을 출력하여 토마토 판매 금액을 받을 통장을 만들었다. 토마토

상자 포장과 그림 도안을 그리고 소비자가 귀둔리 마을의 특산품인 토마토를 맛있게 드시도록 편지도 열심히 써서 상자 속에 넣었다. 포장 상자에 예쁜 그림을 그리고 좋은 글을 써서 세상에 하나뿐인 귀둔리 토마토 상자가 탄생되었다.

수익금은 2020년 78만 원, 2021년 122만 원을 모아 2백만 원쯤 되었다. 학생자치회 주관으로 두 번이나 온라인 공청회를 열어 마을 어른들과 다문화 근로자에게 감사한 마음을 전하는 회의를 진행하기도 했다.

귀둔1리, 귀둔2리, 북2리 노인회관의 할머니, 할아버지들이 건강하셨으면 하는 바람으로 온열기, 마스크, 핫팩, 간식과 음료수 들을 사서 전달해 드리고, 태국이 고향인 근로자들께는 태국 과자 일곱

가지가 들어가 있는 과자 세 상자를 선물로 드렸다. 또 토마토 하우스를 기증해 주신 분들께도 감사한 마음을 담아 옷도 두 벌 선물해 드렸다. 선물을 받고 매우 기뻐하시던 어른들의 모습을 보니 마음이 뭉클했다.

　아이들이 스스로 계획하고 실천하면서 2년 동안 흘렸던 땀방울의 경험이 마을 교육공동체 활동의 가치를 이해하는 값진 배움의 기회이자 추억이 되었기를 바란다.

"저는 주말이 없었으면 참 좋겠어요"

6학년을 2년쯤 했으면 좋겠다는 아이의 문자를 받으면서 마음 한편으로 고맙기도 하고, 더 잘해 주지 못한 일들이 생각나기도 했다. 정말 6학년을 2년쯤 한다면 참 좋겠다. 함께하고 싶은 것들이 많기 때문이다. 하루하루가 지나가는 것이 아깝기만 하다. 곧 다가올 졸업식이 나와 6학년들의 인연까지는 끊지 못할 것을 알기 때문에 아이들과 나는 함께 아쉬운 마음을 달래 본다. 지금 6학년들과도 중·고등학생, 어른이 되어서도 계속 만나게 될 것이기 때문이다. 아이들이 졸업하고 코로나19 상황이 나아지면 여행도 같이 가자고 약속했다. 음식 만들기를 좋아하는 아이들이니까 난 아무것도 안 하고 숟가락만 들고 다녀도 되겠지? 얼마나 잘 놀게 될지 기대가 된다.

2021년 12월 30일은 잊지 못할 졸업식 날이었다. 매일 함께 웃고 머리 맞대며 뭘 하고 놀까? 뭘 하면 신날까? 궁리를 하던 아이들을 더 이상 곁에서 볼 수는 없을 것이다. 졸업생 여섯 명의 어머니들이 함께 연습하신 아이들의 그림책 성장 일기 읽어 주기 활동을 보면서 아기 때부터 잘 자라 온 모습에 눈물을 흘렸고, 학부모님들이 나 몰래 준비해 주신 '선생님께 드리는 감사장 깜짝 전달식' 때문에 또 감동의 눈물을 흘렸다. 감동적이었던 졸업식의 추억을 평생 잊지 못할 것이다.

졸업하면 끝이라는 말? 온라인 야간 생일 파티

생일 파티를 장장 22시간 동안 열어 본 사람이 있을까? 1월이 생일이라서 학교에서 생일 파티를 한 번도 못 해 보았다는 우리 반 여자아이의 사연을 듣고 또 가만히 있을 우리 반 아이들이 절대 아니었다.

아이들과 나는 감동적이었던 졸업식의 추억은 잠시 잊은 채, 생일을 맞이한 여자아이 모르게 별도의 온라인 대화방을 만들어 생일 파티 행사를 기획하였다. 생일 파티 준비 과정을 쉴 새 없이 단톡방에서 이야기 나누던 아이들. 이제는 알아서 손발을 척척 맞춰 가는 모습이 기특하고 대견했다. 요즘 코로나19 확산으로 네 명 이상의 사적 모임이 어려운 상황에서 아이들이 찾은 대안은 온라인 생일 파티였다.

그런데 내가 올해 너무 열정을 강조했나 보다. 열정이 넘친 우리 아이들은 생일날 자정에 1차 생일 파티를 열고 낮에는 온라인으로 계속 생일 축하를 해 주며 저녁 7시 30분부터 10시까지는 2차 생일 파티 먹방을 기획하기에 이르렀다. 생일을 맞은 친구에게 감동을 주겠다는 예쁜 마음들이 가득 느껴졌다. 열흘 동안 준비한 끝에 각자 미리 생일 선물을 준비하고 낭독할 편지도 쓰고 자정에 쓸 작은 케이크들도 준비했다. 작은 케이크는 내가 아이들에게 선물했다. 감사하게도 아이들의 학부모님들까지 기꺼이 자정까지 생일 파티를 기

다리셨다가 여자아이의 생일을 축하해 주셨다.

　모두 비밀을 유지하며 두근두근하는 마음으로 기다렸던 1월 11일 자정 12시. 생일을 맞이한 여자아이는 한밤중 12시에 어머니의 손에 이끌려 컴퓨터 화면 앞에 왔고, 미리 여자아이 어머니께 전달한 큰 케이크와 선물, 과자 들이 상에 가득 차려진 것을 보고 깜짝 놀랐다. 온라인 화면에 등장한 우리 모습을 보고 비로소 자신의 생일 파티임을 알게 된 것이다. 이렇게 코로나19도 막지 못한 우리들의 야밤의 생일 파티 데이트는 정말 즐겁고 행복했다.

　2차 생일 파티 먹방을 위해 낮부터 아이들은 들떠 있었다. 각자 혹은 가족과 함께 자신 있는 요리를 만들어서 화상캠 앞에 다시 모였다. 화면을 앞에 두고 즐거운 이야기도 나누고 유튜브 영상도 공유해서 함께 보고 단체 게임도 했다. 평생 추억이 될 22시간의 생일 파티를 만든 우리 아이들 마음이 참 예쁘다.

나는 '작은 학교 전용 교사'이고 싶다

나는 내가 담임한 아이들과 계속 함께 가고 싶다. 아이들과 함께 나이 들어가면서 삶을 이야기하는 동료이자 벗이 되면 좋겠다. 교사보다는 선생님으로 기억되고 싶다. 어쩌면 내가 근무한 곳이 작은 학교였기 때문에 할 수 있었던 일들이 많았다고 생각한다. 간혹 지인이 평생 작은 학교에서 지낸 나에게 '작은 학교 전문 교사'라고 우스갯소리를 하기도 했다. 그때마다 나의 웃음 띤 대답은 한 가지다.

"저는 작은 학교가 진짜 좋거든요! 심지어 5년이 지난 지금까지도 매일 출근할 때마다 학교 앞산을 보고 감탄을 해요."

가끔 큰 규모 학교에서 근무하는 생활이 궁금하기도 하지만, 작은 학교만이 가진 역동성과 아이들이 가족처럼 서로를 챙기고 도와주면서 조금씩 변화할 때의 마음 떨림이 좋다. 언제까지 작은 학교에서 근무하게 될 수 있을지 모르겠지만, 교직 생활에서 내 마음의 고향은 언제나 작은 학교라고 생각한다.

나는 교사와 아이들이 서로 공감하고 믿을 때 교육의 힘이 발휘된다고 생각한다. 교사와 아이들은 서로에게 감동받고 감사할 때 함께 행복해진다. 교사는 아이 옆에서 함께 걸어가야 하고 아이가 넘어지면 손잡아 일으켜 주는 그림자 같은 존재다.

지금까지 만나 왔고 앞으로 또 만나게 될 소중한 아이들 모두가 자신을 사랑하고 자신을 믿으며 자신을 칭찬하고 인정하기를 진심으로 바란다.

비록 많이 부족하지만 언제까지나 '비가 와서 다리가 끊어졌을 때, 아이를 등에 업고 강을 건너가는' 그런 선생님이 되고 싶다

그곳에 학교가
있었네

마음의 고향

나는 자칭 '산골쌤'이다. 대부분의 교직 생활을 산골 학교에서 했다. 첫 학교는 강원도 철원의 민간인 통제선 북쪽 학교이다. '민북마을'이라고 하는 민간인 통제선 북쪽 마을은 사람들이 많이 살지 않는다. 그러나 그들에게도 삶이 있고, 교육받아야 할 자녀가 있다. 내가 처음 근무했던 마현초등학교는 민북마을에 있는 대표적인 학교였다.

심지어 내 고향은 전국에서도 내놓으라고 하는 시골이다. 지난 2021년 10월에 개봉한 영화 〈기적〉은 내 고향 봉화를 배경으로 한 작품이다. 봉화군 소천면에 있는 양원역은 한국에서 가장 작은 민자 역사이다. 외부로 통하는 도로가 없어 철길을 따라 걸어야 했던 마을 사람들의 이야기를 다룬 영화. 내 고향 봉화는 그런 사연이 많은 시골 동네이다.

내가 어린 시절 살았던 강원도 정선의 무릉리는 요즈음 '증산'이라는 이름 대신 '민둥산역'으로 더 유명하다. 지금은 억새 축제가 유명해 관광지가 되었지만, 1989년 이전까지는 새카만 강물이 흐르는 전형적인 탄광촌이었다. 물론 인근의 사북, 고한, 태백, 도계 같은 탄광 지역과는 비교할 수 없었지만, 광산이 있었고 광부들이 사는 사택이 있었다. 학생이 많아 2부제 수업을 하고, 마을회관을 빌려 공부를 했던 어려움도 있지만 그곳에서 한 공부는 나를 성장시켰다. 돌이켜 보면 나는 그곳에서 참 좋은 교육을 받고 성장을 했다. 내 교육의 밑바탕에는 탄광촌 학교의 열의가 자리하고 있다는 생각이 든다.

나는 또래보다 조금 늦은 2004년에 초등 교사의 길을 걷기 시작했다. 그리고 지금까지 모두 학생 수 100명 미만, 대부분은 전교생이 60명 미만인 학교에서 근무했다. 강원도 철원과 홍천에서 보낸 교사 생활은 모두 내 선택이었다. 나는 안정적이고 반복적인 수업을 싫어한다. 중등 교사였다면, 그것도 큰 학교의 중등 교사였다면 아마 이내 싫증 냈을 스타일이다. 사람은 자신의 스타일, 기질을 잘 파악해야 한다고 했다. 내가 파악한 내 스타일은 작은 학교에 잘 맞다. 아마 큰 학교에서는 내가 걷고자 했던 길을 걷지 못했을 가능성이 크다.

내가 작은 학교를 선택한 것은 그곳에 내가 필요한 학생이 있다고 생각했기 때문이다. 첫 학교였던 민통선 북쪽 학교 마현. 그곳에는 학교를 떠날 수 없는 학생들만 남아 있었다. 2004년과 2005년에는 학원을 다니지 않았던 학생들을 위해 학교가 문을 닫는 오후 5시까지 담임교사표 방과후 학교를 했다. 정규 수업이 끝나고 한 시간 정도 같이 공부를 하다가 오후 4시쯤에 학생을 집으로 보냈더니 "왜 이렇게 일찍 보내셨냐"고 묻던 학부모님이 떠오른다. 먹고사는 문제가 쉽지 않았던 그곳에서 나는 학교의 의미를 생각했다.

　　학교가 꼭 필요한 학생이 있고, 있으면 좋은 학생이 있으며, 때론

큰 의미를 느끼지 못하는 경우도 있다. 작은 학교에는 학교가 꼭 필요한 학생이 많다. 가끔 학교나 배움을 밀어내려 하지만, 그 학생이야말로 진짜 학교가 필요할지 모른다. 내가 소중하게 생각하는 학생은 바로 그런 경우이다. 진짜 학교가 필요한 친구, 그들을 찾아 나는 지금도 작은 학교에 선다.

유연한 교육과정

내 첫 근무지인 마현초등학교는 '이런 곳에도 학교가 있을까?' 하는 의문을 가질 때쯤 나타나는 학교였다. 내가 근무할 무렵에 민간인 통제선 북쪽은 인터넷 포털 사이트 지도 서비스에서 제외되어 있었다. 만약 대중교통을 이용한다면 철원군 와수리까지 와서 가끔 있는 버스나 택시를 이용해 민간인 통제선을 지나야 했다. 물론 민통선 이북 마을에 사는 주민이 아니라면 신분증을 검문소에 맡기고 들어왔다가 나가면서 찾아가야 하는 번거로움도 있었다.

내가 그곳에서 교사 생활을 할 때는 주 6일 근무 시대였다. 토요일도 4교시를 하고 오후 1시에 퇴근을 하던 시절. 나는 주 5일은 정상적으로 수업을 하고, 토요일은 그 주에 배운 내용을 복습하는 퀴즈와 프로젝트 학습을 하는 식으로 수업을 했다. 학원도 다니지 않는 학생이 대부분이었고, 근처에는 도서관 같은 시설도 없었다. 비가

올 때에는 절대 냇물에 들어가서는 안 된다고, 언제 지뢰를 밟을지 모른다고 조심조심하던 그곳. 마을 주민들은 '내가 돌을 날라 이 학교를 지었다'는 사람과 '이 학교 졸업생'이었다.

마현초등학교는 강원에서 볼 수 있는 특별한 학교였다. 마을에는 보건 진료소가 하나 있었고, 승리 전망대가 멀지 않은 곳에 있었다. 군인 말고는 공무원을 찾아볼 수 없는 곳이었다. 예전에는 군인 관사에서 사는 군인 가족을 가르치던 곳이었으리라. 그러나 민통선 바깥에 군인 아파트가 들어서니 학생들이 썰물처럼 빠져나갔다. 한번 급속도로 작아진 학교는 일어서질 못했다. 덩달아 학교도 활력을 잃어 갔다. 그러나 교직원은 쉽사리 학교를 포기할 수 없었다. 우리는 공부도 열심히 하고, 다양한 체험도 추진했다.

2004년 가을에 있었던 국립중앙박물관의 특별한 초청 행사가 기억에 남는다. 당시 경복궁 안에 있던 국립중앙박물관은 용산으로 이전을 준비하고 있었다. 국립중앙박물관은 낙도·오지 학생 박물관 체험 행사를 추진하고 있었는데, 강원도 민통선 근처 학교 학생들을 초청한 것이었다. 2박 3일 동안 경복궁과 서울 주요 문화유산을 돌아본 행사는 내게도 큰 충격을 주었다. 그날 이후 학생들과 서울시립미술관, 덕수궁 들을 돌아보는 시간을 만드는 계기가 되었다. 특히 미술관 관람은 농산어촌 학교의 결핍을 채울 수 있는 좋은 기회가 되어 기회가 되면 꼭 만드는 프로그램이 되었다.

강원도 작은 학교의 장점 중 하나는 유연한 교육과정이고, 불리

한 점은 교통 여건이다. 영서 지역 일부 학교를 제외하면 많은 작은 학교들이 대중교통으로 접근하기 어려운 곳에 있다. 나는 그런 학교에 근무할 때면 주말을 이용해, 학년군 교육과정 운영비나 학급 운영비 들을 써서 학급 체험학습을 떠난다. 3.1운동 100주년을 맞아서는 서대문형무소와 덕수궁 일대를 돌아보는 체험학습을 다녀오기도 했다.

서울로 현장 체험학습을 가면 가급적 들르는 곳이 바로 광화문 K문고이다. 이렇게 큰 서점이 농산어촌 작은 학교 근처에 없기 때문이고, 또한 그때 산 책을 함께 읽고 작가와의 만남을 갖기에도 좋다. 학생들이 산 책을 잘 파악해 작가와 어떻게든 연결을 하는 것은 내가 좋아하는 방식의 교육이다. 2019년에는 정명섭 작가의 《미스 손탁》을 샀는데, 그 인연으로 정명섭 작가를 내촌초등학교로 초청할 수 있었다. 우리는 학급 운영비로 정명섭 작가의 여러 책을 사서 읽고, 정명섭 작가와의 만남을 진행했다. 그런 놀라운 교육과정은 학교 안과 밖의 조화를 통해 조금씩 학생에게 흘러넘친다.

문해력에서 시작하기

교사가 되기 전부터 나는 글쓰기 교육에 관심이 많았다. 언젠가는 학생들과 좋은 글을 써 보겠다는 의욕을 갖고 초등 교사가 되었다. 그러나 학교 현장은 그리 녹록치 않았다. 글쓰기는커녕, 당장 책 읽는 것도 어려워하는 학생이 생각보다 많았다. 그래서 나는 교육 방향을 바꿀 수밖에 없었다. 나는 책 읽기와 토론, 그리고 글쓰기가 융합되는 흐름을 잡았다. 그리고 아무래도 책 읽기의 비중을 높여야 했다.

나는 2013~2016년 오안초등학교에서 근무했다가 3년간은 홍천의 내촌초등학교에서 근무했다. 내촌초등학교는 홍천군 내촌면 도관리에 있는 학교로, 내가 근무할 때는 30명 남짓한 학생이 다니고 있었다. 기초생활수급자나 법정차상위 학생은 한 명도 없었지만, 책 읽기 실력이 썩 뛰어나진 못했다. 그래서 교직원은 인성교육 중점학교 사업으로 인성 그림책, 동화 읽기를 시도했다. 한국교육개발원에서 개발한 초등 인성교육 프로그램도 독서교육과 연계된 것이 많았다.

학교 독서교육 예산과 통합하여 1년에 9~10명 정도의 작가를 초청할 수 있었다. 많은 그림책 작가, 동화 작가들이 그 어렵고 번거로운 길을 와 주셨다. 선생님들은 사전에 책을 읽고, 여러 가지 독서 활동을 한 후에 작가를 만났다. 내촌초 학생들은 '작가와의 만남'을 처음 해 봤다고 했다. 유튜브나 TV방송, 신문 같은 곳에서나 볼 수 있었던 작가를 직접 만나니 신이 났다. 스타를 본다는 기분에 학생들은 책을 더 자주, 더 많이 읽었다. 유은실 작가를 만날 때는 당시 샀던 열몇 권의 책을 다 읽은 학생도 있었다. 그렇게 조금씩 독서력과 문해력이 높아지는 걸 확인하고 나는 다른 학교로 자리를 옮겼다.

나는 2020년에 다시 오안초등학교로 움직였다. 학생 수 60~70명 정도를 오가던 오안초등학교는 그사이에 전교생이 50명 정도로 줄어 있었다. 아무래도 홍천에서 가장 큰 초등학교인 남산초등학교가 멀지 않아 취학 예정 학생이 큰 학교로 움직였기 때문인 것 같았다. 교사들이 진단한 오안초등학교의 최대 현안은 역시 문해력 부족이었다. 한글 해득을 비롯한 초기 문해력이 절실했다. 그러나 초기 문해력 획득이라는 관문을 통과해도 책을 읽고 제대로 이해하는 단계는 멀었다. 책 읽기가 좋아 스스로 책을 찾아 읽는 어린이를 만나고 싶다는 꿈도 벽에 부딪힐 때가 많다. 이걸 해결하기 위해 교사들은 머리를 맞대었다. 우선 책 읽기의 매력을 보여 줄 필요가 있다고 말이다. 교사들이 찾아낸 방법이 바로 1년 내내 책을 읽고 작가를 만나는 프로그램을 해 보자는 것이었다. 문제는 역시 그 정도의 예산을 마련하기 어렵다는 것이었다. 그때 등장한 것이 바로 강원도교육청의 '작은학교 희망만들기' 사업이었다.

2021년 현재, 오안초등학교는 열여섯 명의 작가를 초청해 작가와의 만남을 진행했다. 한 번에 2~3개 학년이 작가를 만난다. 사전에 작가에 대해서 공부를 하고, 그 작가의 책 몇 권을 읽고 만난다. 작가와 만나기 전에 질문을 만들거나 책 내용을 다시 만드는 활동을 할 때도 있다. 다양한 독서 활동을 한 후에 작가를 만나니 효과가 높아진다. 또한 학생이 추천한 작가, 교사가 추천한 작가를 섞어 만날 작

가를 선정한다. 한 학기 한 권 읽기와도 연계하고, 책 갈래도 그림책과 동화를 넘어설 때도 많다. 수업 시간에 책 읽기라는 목표에 부합하게 작가와의 만남을 하니 학생들의 만족도도 높다. 2021년 1학기 5~6학년 과학 시간에는 생태 환경 책으로 유명한 최원형 작가를 지역사회의 지원으로 만난 적도 있다. 2학기에는 국립과천과학관 이정모 관장이 '기후위기와 멸종'이라는 주제로 3~4학년을 찾아왔다. 이런 뜻있는 작가를 만나면서 학생들의 문해력이 쑥쑥 자랐다. 나는 일은 재정과 사람이 한다고 생각한다. 이 두 조건을 다 갖추고 있기가 어려워서 그렇지, 이 두 가지가 있다면 실현 가능한 학교는 역시 작은 학교가 아닐까 싶다.

진로를 묻다

작은 학교의 고민은 하나둘이 아니지만, 내가 볼 때 다양한 경험을 하지 못하는 것은 꼭 언급해야 할 부분인 것 같다. 도시나 읍내 큰 학교에서는 자연스럽게 접할 수 있는 문화를 작은 학교에서는 애써 마련하지 않으면 만나지 못한다. 넓은 견문과 다양한 체험은 세상 적응력의 바탕이다. 작은 학교에 학생을 보내는 부모님도 기대와 걱정이 교차한다. 작은 학교의 세심한 관심으로 상처를 덜 받고 성장할 수 있으리라는 기대. 그리고 큰 학교에 자녀를 보내면 여러 학생과 부딪히며 다양한 경험을 할 수 있을 것이라 기대하는 부모의 마음을 교사라고 왜 모르겠는가.

작은 학교는 진로 체험학습, 현장 체험학습을 많이 한다. 다양한 경험을 통해 학생이 성장할 수 있는 기회를 만들기 위해서이다. 그리고 큰 학교와는 달리 작은 학교의 현장 체험학습은 대부분 무료이다. 학교 차원에서 예산을 마련하여 현장 체험학습을 하기 때문에 '수요자 부담'이라는 번거로운 절차를 거치지 않아도 된다. 초등학교 현장 체험학습의 꽃인 테마학습여행도 마찬가지이다.

지난 2015년부터 나는 학생이 기획하는 테마학습여행, 그러니까 프로젝트 학습을 진행해 오고 있다. 우선 다음 해 테마학습여행을 가는 학생들이 모여 여행 후보지를 서너 곳 결정을 한다. 부모님께 보내는 가정통신문에 후보지를 안내하고, 부모와 자녀가 함께 투표를 한다. 그렇게 결정된 여행지를 바탕으로 몇 회에 걸쳐 팀별로 테마학습여행 계획을 세운다. 그리고 여행 계획을 팀별로 발표한 후 학생과 교사가 투표를 하여 최종 여행 계획을 결정한다. 학생들은 이 과정에서 자신들이 짠 여행 계획이 채택될 수 있도록 최선을 다한다. 생각해 보라, 자신이 짠 여행 계획에 따라 테마학습여행이 이뤄진다니. 상상만 해도 신나지 않겠는가.

오안초등학교에서는 마을과 연계한 작은 진로 체험의 날 행사를 몇 차례 진행했다. 하루 날을 잡아 홍천, 넓게는 춘천에 살고 있는 전문가를 초청해 진로 체험을 진행하는 것이다. 지난 2015년과 2016년, 그리고 몇 년의 공백을 깨고 2021년에 진로 체험의 날 행사를 열 수 있었다. 학생과 교사의 의견을 반영하여 마술사, 약사, 연극인, 경찰, 미디어 코너로 추진했다. 그중 미디어 코너는 강원시청자미디어센터의 지원으로 애니메이션 녹음과 뉴스 진행 등 두 프로그램을 성황리에 진행할 수 있었다. 바리스타, 언더그라운드 가수, 마술사 같은 전문가가 큰 활약을 해 주셨다. 홍천을 대표하는 M약국 약사님, 농민약국 약사님 들은 사실상 강사비를 거의 받지 않고 참여해 주셨다. 홍천경찰서와 소방서는 전문적인 장비, 실제 근무 중인 인력이 참여해 생동감 넘치는 교육을 해 주셨다. 그야말로 학교를 넘어 큰 마을이 되어 준 분들께 이 자리를 빌려 감사의 말씀을 전한다.

관심사를 찾아

작은 학교의 매력 중 하나는 요즈음 학생들의 관심사를 반영한 수업을 디자인할 수 있다는 것이다. 초등 3~6학년은 친구, 음악, 스마트폰, 유튜브, 인터넷 들에 관심을 많이 갖고 있다. 그중에서도 내가 만난 학생들이 가장 뜨거운 관심을 보인 것이 바로 유튜브이다. 불과 몇 해 전까지만 해도 초등학생 직업 선호도 1위가 교사였다. 그러나 최근에는 유튜버(유튜브 크리에이터)가 상위권에 진입했고, 이제는 유튜버가 대세를 차지하고 있다고 해도 과언이 아니다. 오죽했으면 《유튜브는 책을 집어삼킬 것인가》라는 제목의 책까지 나왔을까.

나는 지난 3년 동안 지역 기관의 지원으로 학교 안 미디어교육을 실시하고 있다. 1년에 20~24시간 정도 진행하는 교육이기는 하지만 참 유익하다. 우선 학생들과 미디어에 대해 알아보고, 그중에서도 소리를 기반으로 한 미디어인 팟캐스트를 제작한다. 팟캐스트 제작이라고 하니 너무 간단해 보이지만, 여기에는 △팟캐스트 듣기 △팟캐스트 구조 파악하기 △팟캐스트 아이디어 모으기 △팟캐스트 대본 작성하기 △녹음 등 여러 단계가 들어 있다.

내가 이 중에서 가장 심혈을 기울이는 과정은 팟캐스트 대본 쓰기이다. 학생들은 두세 명이 한 팀이 되어 팟캐스트 기획안을 짜고 대본을 쓴다. 이 대본이 있어야 녹음을 할 수 있기 때문이다. 10~15분짜리 팟캐스트 대본을 쓰는 일은 여간 어려운 일이 아니다.

평소 짧은 글 쓰기도 힘들어하던 학생들이지만 어떻게든 대본을 써 낸다. 대본을 살펴보던 나는 '팟캐스트 대본도 쓰는 학생들이 무엇을 못 하겠는가?'라는 생각을 했다.

사실, 학생들은 영상 미디어에 대한 관심이 더 크다. 라디오나 팟캐스트보다 유튜브나 틱톡 같은 영상 매체에 대한 관심이 훨씬 뜨겁다. 하긴, 각종 자료를 포털 사이트가 아니라 유튜브에서 검색하는 세대이니 유튜브가 삶의 중심인 것을 이해 못 할 것도 아니다. 그런데 학생들은 유튜브의 위험성에 대해서 생각해 본 적이 있을까? 유튜브를 깨끗하게 설정한 후 추천 기능만 이용해 영상을 타고 타고 계속 타서 위험성을 파악하는 시간은 학생들이 놀라는 기회이다. 학생들은 그 시간을 통해 추천(큐레이션) 기능이 이렇게 위험할 수 있다는 사실을 느낀다.

3년째 쌓은 이 경험을 나눌 수 있는 기회가 있으면 좋겠다는 생각을 했다. 한 해 한 해 쌓은 자료가 유실되는 것을 막기 위해 미디어 강사분은 아카이브를 구축했다. 이제 매년 만든 팟캐스트 대본과 방송 파일을 잃어버리지 않게 보관할 수 있게 되었다. 이 경험을 언젠가 다른 작은 학교 선생님과 나눌 수 있기를 기대한다.

출발점은 문해력

2021년에 EBS에서 방영한 〈당신의 문해력〉은 사회적으로 큰 반향을 일으켰다. 가뜩이나 학력 격차가 문제였는데, 코로나19의 대유행 이후에 문해력 격차가 더욱 크게 드러났기 때문이다. 작은 학교에서도 문해력 문제는 큰 고민이다. 문해력을 높이기 위한 다양한 노력을 기울이지만, 사실 한 번에 해결하는 그런 마법은 없다. 작은 학교가 장점이 많지만, 분명 단점도 있다. 나는 그 출발선에 낮은 문해력이 있다고 생각한다.

지금도 대부분의 학교에서는 문집이나 학교신문을 발간한다. 조금 더 뜻이 있는 교사라면 학생들의 손길이 많이 닿은 책을 출간하기도 한다. 내가 책 쓰기에 관심을 갖게 된 것은 2016년부터였다. 그해 공공 재원을 마련하여 《양지뜰 이야기》라는 문집을 ISBN을 받아 엮었다. 지금 살펴보면 참 어설프지만, 그런 경험이 없었다면 학생 책 쓰기에 도전할 엄두를 못 냈을 테니 그것 역시 역사라는 생각이 든다.

2018년에는 남학생 다섯 명과 함께 학생 동시집 《동생은 외계인》을 발간했다. 2017년에 나는 남학생 여섯 명이었던 내촌초등학교 5학년 담임을 맡았다. 그해에 내촌초 일반 교사 중에 남선생이 나밖에 없어 선생님들이 5학년 담임을 맡아 줄 것을 요청했다. 그런데 알고 보니 이 학급은 1학년 때부터 거의 남학생만 있었던 경우였다. 사춘기, 반항기가 조금 빨리 온 학생과 1년을 무사히 보냈을 때, 나는 6학년 담임이 되어 2년 연속 같이 생활을 하게 되었다. 그리고 1년 동안 열심히 학생들과 동시를 써서 연말에 동시집으로 묶을 수 있었다.

동시집은 100권을 인쇄했는데, 전교생 35명 수준에 교직원을 포함해도 60권 정도면 되었다. 남은 것은 모두 도서관이나 교육청, 의회 같은 인근의 공공 기관으로 보냈다. 그래도 책이 조금 남았는데, 한 학생이 "선생님, 청와대도 보내죠."라고 제안을 했다. 청와대에서 이런 시골 학교 학생들이 쓴 동시집을 읽진 않을 것 같았지만, 어차피 남은 것이니 세 권인가를 보냈다. 사건은 다음 해 2월에 벌어졌다.

설 연휴를 마치고 출근을 한 나는 공문함에서 낯선 우편물을 보았다. 우편물을 열어 보니 청와대에서 동시집 《동생은 외계인》을 읽고 보낸 답장이었다. 그것이 어찌어찌하여 언론에 알려져 포털 사이트 1면에도 소개되고, KBS2 〈생방송 아침이 좋다〉에도 나왔다. 청와대에서 전교생을 초청했지만 우여곡절 끝에 방문은 성사되지 못했다.

그다음 해에는 《이 선생님 심상치 않다》는 동시집이 나왔고, 2020년에는 한솔수북으로부터 동시집 출간 제안을 받았다. 학생들이 동시를 쓰면 세 편 정도 편집해서 SNS에 소개했는데, 출판사에서 그 시를 보고 공식 출간을 제안했던 것이다. 그 성과는 2021년에 동시집 《괜히 말했네!》로 나타났다. 동시집 《팝콘 교실》에 그림을 그렸고, 동화 《나는 3학년 2반 7번 애벌레》 그림으로 유명한 이주희 작가가 학생 동시집의 그림을 그려 주셨다. 글 인세는 학생에게 전액 나눠 줬고, 나는 인세를 받지 않았다. 학생 한 명당 14만 5천 원의 초판 1쇄 인세를 나눠 줄 수 있었다. 만약 《괜히 말했네!》가 2쇄, 3쇄를 찍게 된다면 학생들에게 추가 인세를 지급할 수 있으니 참 행복할 것 같다.

작은 학교에서는 다양한 시간을 활용해 글쓰기도 가능하다. 밀도 있는 교육을 하기에 작은 학교만큼 좋은 곳도 없다. 큰 학교에서 글쓰기 교육을 잘할 가능성보다 작은 학교의 가능성이 더 높지 않을까. 다만, 그런 교육의 결과가 잘 남기 위해서는 교사가 부지런히 움직여야 한다. 나는 매일 학생들이 쓴 글을 정리했다. 그날 중에 정리하면 어려운 일이 아닌데, 연말에 정리를 했다면 엄청 고생했을 것이다. 지금 생각해 보면 학생 수가 많지 않아 그날그날 글을 정리할 수 있지 않았나 싶다.

우정과 연대

2020년 10월 말, 오안초등학교 학생 중에 코로나19 확진자가 나왔다. 영화의 한 장면이 아닐까 싶을 정도로 학교가 비상이 걸렸다. 귀가했던 학생들은 다시 학교로 와서 코로나19 선별검사를 받아야 했다. 그 후에는 좀 익숙한 풍경이 되었지만, 그때까지만 해도 학교 안에서 코로나19 확진자가 나오는 것을 쉽게 볼 수는 없었다. 그리고 학생과 교직원의 40% 정도가 밀접 접촉자로 분류되어 자가격리를 해야 했다. 나 역시 그중 한 명이었다.

2주 후에 학교는 정상화되었지만, 코로나19에 확진되었던 학생들은 한동안 학교에 나오지 못했다. 가족 전체가 완치되어야 학교에 나올 수 있기 때문이었다. 그 학생들은 11월 말이 되어서야 학교에 나오게 되었는데, 재미있는 일은 그 학생들의 등교 당일 벌어졌다. 내가 출근해서 교실에 들어설 무렵, 6학년 학생들은 그날 아침에 등교 환영 포스터를 만들고 있었다. 확진되었다가 돌아오는 학생들이 곧 올 것이기 때문에 그전에 포스터를 만들어 붙인다고 서두르고 있었다. 나는 그 모습을 스마트폰 카메라로 찍어 보관했다. 그리고 그날 오후에 SNS에 그 사진과 함께 약간의 글을 써서 올렸다.

이 사진은 지역 맘카페를 통해 지역 언론사 7시 뉴스 클로징 멘트에 소개가 되었다. 아무것도 아닌 일이 뉴스 끝부분에 간단히 언급된 것이다. 그런데 모 신문 기자가 그 뉴스를 보고 우리 학교 사례를 보도했다. 또한 그 신문 기사를 정은경 질병관리청장이 보고 혐오와 배제가 난무하는 시기에 '이런 자세가 필요하다'며 언론 브리핑에서 소개했다고 한다. 이런 과정을 거쳐 우리 학교 이야기는 미담 기사로 퍼져 나갔다.

지난 2021년 2월 초, 나는 청와대로부터 전화 한 통을 받았다. 코로나19 시대에 바람직한 모습을 보여 준 오안초 학생들을 '국민과의 대화'에서 대통령이 만나고 싶다는 것이었다. 우리는 반 단체방에서 이야기를 나눠 희망자 세 명을 정했다. 다행히 학부모가 운영하는 사무실이 있어서 그곳에서 줌으로 국민과의 대화에 참여할 수 있었다.

나는 왜 그 학생들이 코로나19에 확진되었다가 돌아온 후배를 환영하는 포스터를 만들고, 간식 선물을 주며 환영했을지 생각해 보았다. 아마도 확진 학생이 1학년 때부터 봐 온 후배였고, 코로나19 확진자라는 낙인이 찍히면 외롭게 생활할 것을 염려했기 때문이 아니었을까 싶다. 나는 이것을 '삶은 연대'라고 말하고 싶다. 차별과 혐오, 배제가 아니라 우정과 연대가 질병을 이겨 낼 수 있지 않을까. 갑자기 오안초등학교 도서관에 붙어 있는 '우정은 꽃처럼 피어나고 배움은 강물처럼 흐르리'라는 문장이 떠오른다.

작은 학교의 가능성

누군가에게 작은 학교는 희망이 없는 곳이고, 누군가에게는 대안이다. 나는 결코 작은 학교에 희망과 가능성만 있다고 말하고 싶지 않다. 규모가 작기 때문에 비효율적이고, 많은 인원이 참여해야 가능한 활동이 어려운 것도 맞다. 교통 여건이 나빠서 길에서 버리는 시간이 많고, 도서관 같은 공공서비스에 접근하는 것도 어렵다. 하지만 나는 작은 학교는 그것을 상쇄하고도 남을 만한 유연함과 섬세함이 있다고 생각한다. 작은 학교에서 교사의 역할은 더욱 중요하고, 학교의 사회적 책무는 더욱 빛난다.

나는 지금 내가 그동안 거쳐 온 학교에 작은 장학금을 보낸다. 예전에는 교복을 살 돈이 없었던 학생에게 교복비에 보탤 작은 정성을 보내고 싶었다. 내가 걸어온 길을 돌아보며, 후회하지 않고 살자는 의미로 작은 정성을 발전 기금으로 전달했다. 첫 학교인 마현초등학교는 폐교가 되어 장학금을 낼 수도 없다. 그것이 항상 내 마음에 걸린다. 아마도 나는 대부분의 교사 생활을 작은 학교에서 할 것 같다.

작은 학교가 학생들과 더 좋은 호흡을 맞출 수 있고, 더 유연하며, 교직원의 마음을 모을 수 있다는 것은 큰 매력이다. 출산율이 낮은 시대에 작은 학교에 결코 장밋빛 환상만 있는 것은 아니겠지만, 나는 여전히 가능성이 더 크다고 믿는다. 내가 작은 학교를 찾는 이유는 바로 그곳에 학교가 진짜로 필요한 학생이 있기 때문이다. 그래

서 나는 여전히 그곳에서 교사의 길을 찾고 싶다.

그 학교 왜 가요?

옥천초등학교 교사 **전영욱**

강릉 운산동에 있는 전교생 55명의 작은 학교. 내가 4년째 몸을 담고 있는 운산분교다. 55명의 아이들 중에 학군 친구들은 두 명밖에 없다. 남매다. 다른 53명의 아이들은 공동학구로 외부에서 들어오고 있다. 4년째 근무하면서 아이들을 위해, 더 좋은 것을 주려고 노력한다지만 아직도 잘 모르겠다.

'왜 올까?' 아직도 의문이고, 그래서 매번 여쭤보곤 한다. 그런데 보내는 학부모님들도 명확히 모르는 것 같다. 이 물음에 답을 찾는다면 작은 학교의 학생 수 문제가 어느 정도 해결될 것 같은데 참 어렵다.

운산분교는 2016년에 두 명의 친구가 입학을 했다. 사촌 사이였고, 당시에 근무하시던 선생님과 연이 닿아 그 선생님이 좋아서 운산으로 입학을 했다고 한다. 이 친구들은 3년 만에 온 입학생이었고, 처음으로 공동학구에서 들어온 입학생들이었다. 그리고 이 친구들을 기점으로 학교가 커지기 시작했다. 앞에서 말했던 것과 같이 현재 운산분교 학생 수는 55명이다. 불과 4년 전인 2017년에는 재학생이 다섯 명이었고 그해 신입생이 두 명 들어왔다. 나는 2018년부터 운산에 근무를 했기 때문에 이때 운산은 잘 모른다. 다만 참으로 시골 학교였고, 분교였고, 가족 같다는 생각을 운산에 놀러 오면 했던 것 같다. 아이들은 다 같이 모여 자전거를 탔고 서로 알려 주면서 자전거를 모두 탈 수 있게 되면 함께 간식을 먹는, 그런 학교였다.

5명에서 16명으로, 그리고 27명으로

시골 학교는 참 따뜻했다. 학교를 알리고자 노력했고, 숲속에 있는 학교이니만큼 밖에서 놀기 좋은 계절에는 '숲바람학교에 놀러 오세요'라는 제목으로 학교를 소개하는 날을 만들기도 했다. 아이들이 밧줄놀이, 음식 만들기 들을 할 수 있게 준비했고 부모님들께는 학교 주변을 산책하며 숲 해설을 해 드렸다. 물론 학교 교육과정 소개도 했다. 전단지를 나누어 주고 홍보 활동을 하면서 학교가 조금씩 알려졌다. 그렇게 학교와 학교의 교육과정이 조금씩 알려지기 시작했고 친구들을 따라, 부모님 손을 잡고 하나둘 전학생들이 생겨나기 시작했다. 그렇게 다섯 명이 다니던 학교에 신입생 두 명이 들어왔고 전학생들이 점점 늘어나 어느덧 열여섯 명이 다니는 학교가 되었다. 열여섯 명이 지내던 2017년, 운산분교에는 큰 사건이 하나 있었다.

'리틀빅스쿨 콘서트', 이 방송 프로그램으로 인하여 운산분교라는 학교가 있다는 것이 알려졌다. 그리고 이듬해, 열네 명의 신입생이 들어왔다. 생각보다 아이들이 많아서, 분교의 한계로 돌봄교실이 없다는 사실 때문에 세 명의 친구가 입학하자마자 전학을 가고 열한 명의 친구들이 입학을 해서 함께 학교생활을 하기 시작했다. 이전에 전학 등을 통해 늘어난 친구들까지 합쳐 스물일곱 명의 아이들. 사실 큰 학교라고 생각하면 한 반 정도에 불과한 아이들 수이지만, 이 시골 작은 학교에는 매일매일 사건의 연속이었다.

갑자기 너무 많아졌어요

운산분교에서는 모든 아이들이 모여 어린이회의를 한다. 학생 다모임이라는 이름으로 진행을 하는데, 지금은 어느 정도 자리 잡았지만 2018년, 다모임은 자전거로 시작해서 자전거로 끝났다고 볼 수 있겠다.

열 명쯤 되는 친구들이 생활하던 운산은 자전거보다 친구가, 동생이 더 소중했다. 내 자전거를 다른 친구들이 타도, 망가뜨려도 아이들은 하하 호호 웃으며 괜찮다 해 주고 미안하다고 사과하고 그랬다. 그런데 1학년이 많이 들어오면서 아이들은 속상해지기 시작했다. 인원이 갑자기 두 배가 되어 버리니 친해지기 전에, 내 자전거보다 내 친구들이 더 소중해지기 전에, 자전거가 망가지기 시작했다. 자전거가 내가 세워 놓은 곳이 아닌 다른 곳에 내팽개쳐지고 있었다. 아이들은 웃는 낯으로 동생들을 바라보기가 힘들어졌다. 내 자전거가 더 소중한데…. 더 소중한 자전거를 덜 소중한 동생들이 망가뜨리고 있었기 때문이다. 1년 내내 아니, 2019년까지도 주요 논의거리는 자전거였다. "허락받고 타요." "없을 때 못 타니까 타고 나서 알려 줘요." "고장 내면 고장 낸 사람이 고쳐 줘요." "누가 고장 냈는지 모르겠어요. 못 타게 해요." "자물쇠를 채워요." 회의 때마다 쳇바퀴처럼 이야기들이 돌고 돌았다.

결론은 없다. 이런 이야기를 주고받으며 아이들은 다 같이 만나 서로의 문제를 이야기하고 그 과정 속에서 결국엔 만나게 된다. 그러고 나서 문제는 해결된다. 결국은 관계다. 친하지 않던 아이들의 관계가 문제를 일으켰고, 해결의 과정 속에서 친해져 버린다. 그러면 문제는 자연스럽게 뒷전이 되고 만다.

소외되지 않기, 무학년제

다 같이 만날 수 있다는 점. 그것이 작은 학교의 가장 큰 장점이다. 반면 가장 어려운 점, 단점이기도 하다. 지금 운산은 한 반에 적게는 여섯 명, 많게는 열두 명의 아이들이 함께 생활한다. 반에 있는 아이들이 적다는 것은 교사와 아이들이 양방향적인 관계를 맺을 수 있어 긍정적일 수 있지만 아이들끼리 관계를 맺는 데는 어려움이 있다. 아이들에게는 동시다발적인 관계와 다양한 또래 집단의 형성이 참 중요하다. 누구나 다양한 성향이 존재하고 사람 수가 적으면 확률적으로 나와 비슷한 성향을 가지는 아이가 적을 수밖에 없다. 그래서 작은 학교에 있다는 것은 관계에서 소외된 친구들을 필연적으로 만날 수밖에 없다. (물론 훌륭한 교사 혹은 아이가 아교 역할을 해낼 수 있다면 없을지도 모르지만 본인은 그렇게 관계 형성 부분에서 훌륭하지 못한 듯하다.)

그래서 필요한 것이 무학년제이다. 물론 학습적인 측면에서 이야기하는 무학년제도 있지만, 관계에 있어서 다양한 집단을 형성해 볼 수 있다는 것과 만나는 사람의 수를 늘린다는 측면에서도 무학년제는 작은 학교에서 꼭 필요한 부분이다. 고학년과 저학년이 어울린다는 것은 학년과 상관없이 자신감을 심어 주기도 하고 자존감을 높여 주기도 한다. 운산에서는 다양한 방식으로 무학년제를 운영하고자 노력한다. 코로나 상황 전에는 각종 행사(운동회, 야영, 어린이 행복

주간 등)에서 무학년제를 운영하는 것은 물론이고 수시로 모두 함께 하는 활동을 지향하곤 했다.

학생 수가 많아진 지금은 의무나 해야 할 일보다는 같이 놀면서 친해질 기회를 주려고 노력한다. 운산가족이라는 제도를 운영하려 고 노력 중인데 학년별로 점심을 먹는 것이 아니라 1학년부터 6학년 까지 여섯 명씩 가족을 만들어 주에 한 번은 급식을 같이 먹기로 한 것도 그 하나이다. '식구' 같이 밥을 먹는 사람들. 아이들에게 운산이 라는 공간이 그런 곳이었으면 좋겠다. 힘이 들 때 우리 반이 아닌 우 리 학교를 바라볼 수 있는 곳이었으면 좋겠다. 학교를 이루는 모든 구성원들. 학생, 선생님, 학부모 그리고 마을까지 모두가 서로를 알았 으면 좋겠다.

민주 시민, 나를 보여 주기

학교에서 아이들은 자꾸 숨는다. 아니, 교사도 자꾸만 숨는다. 교 육과정 목표 중 하나는 '민주 시민의 육성'이다. 민주 시민은 무엇일 까? 사전적 정의의 민주 시민은 "민주주의의 원리를 존중하고 실천 하는 태도를 가지며 개인적 행복을 추구하는 동시에 국가와 사회의 발전에 공헌할 수 있는 사람"이다.

어렵다. 아이들을 민주 시민으로 성장하게끔 도와주어야 하는데 교사인 우리들은 민주 시민인가? 답변이 쉽지 않다.

운산에서는 주 3회 교사들이 모여서 이야기를 나눈다. 우리끼리는 '수업 수다'라고 하는데 편하게 수업 이야기, 아이들 이야기를 하기 위해서 수다라는 이름을 쓴다. 이 시간에 업무 관련 이야기는 최대한 지양한다. 이 수업 수다를 할 때조차도 처음에는 많은 교사들이 힘들어한다. 자꾸 물어본다. "선생님 생각은 어때요?" "왜 그렇게 생각해요?" 자기 생각을 표현하고 말해 보지 않으면 이것을 말로 하기는 참 힘들다. 가르쳐야 하는 교사들도 이런데 아이들은 쉬울까? 아이들은 근거를 대진 않지만 더 뻔뻔해서인지 그래도 조금 더 쉬워 보이기는 한다. 그렇지만 친구들 관계에서 자기 생각을 온전히 표현하는 아이들을 찾기란 생각보다 어렵다. 소외가 두려워서, 어떻게 말해야 될지를 몰라서, 나도 내 생각을 잘 몰라서. 다양한 이유들이 존재한다.

내가 생각하는 민주 시민은 나를 보여 주는 사람이다. 거절을 겁내지 않는 사람이다. 내 의견만큼 다른 사람의 의견도 존중할 수 있는 사람이다. 그리고 운산을 거쳐 간 아이들이 그런 사람이 되었으면 좋겠다. 자기 생각을 알고, 자기 생각을 표현할 수 있는 사람. 그것이 거절당할 수 있지만 내가 거절당한 것이 아니라 상대방과 나의 생각이 다른 것임을 받아들일 수 있는 사람.

생태교육

운산은 2015년부터 생태교육을 해 왔다. 학교 생태지도를 만들고, 숲에서 놀고, 농사를 짓고, 새를 공부하고. 운산분교의 타이틀은 '숲, 친구, 마을과 함께하는 숲바람학교'이다. 내가 이 학교에 오기 전부터 이 슬로건을 가지고 있었고 이는 절묘하게 '생태, 민주, 마을 교육과정'과 괘를 같이한다. 특히 학교가 산속에, 숲속에 있어서 생태교육을 하기에 최적화되어 있다.

그리고 강릉 지역에 있는 '생명의 숲'과도 많은 활동을 하고 있다. 지금은 주 1회 방과후 활동의 형태로 전교생이 다섯 분의 강사님들

께 생태교육을 받는다. 밧줄놀이, 농사, 계절 등 환경과 생태에 관한 다양한 이야기를 나누고 경험을 하면서 삶에 녹여 낼 수 있도록 하고 있다.

운산분교는 2019년부터 강원도교육청에서 '전문가와 함께하는 생명다양성교육 연구학교'로 지정을 받아 이화여대 석좌교수이신 최재천 교수님, 그리고 교수님이 속해 있는 생명다양성재단과 함께 생태교육을 하고 있다. 재단 소속 대학원생이 매주 한 번 와서 3~6학년 아이들을 만나고 한 달에 한 번은 1~2학년 아이들과 수업을 진행한다. 이 과정에서 교사들과 회의를 해서 어떤 수업을 할지도 이야기하고 진행한 수업에 대해 피드백도 나누곤 한다.

최재천 교수님은 한 달에 한 번 학교에 와서 아이들과 만난다. 아이들은 두 달에 한 번 교수님을 만나는데 같이 습지에 가서 습지 생물에 관한 이야기를 듣기도 하고, 곤충에 관한 이야기도 듣는다. 교수님은 교수님의 경험들을 이야기와 활동으로 녹여 내 아이들에게 나누어 주신다.

아이들은 이러한 경험들을 자신의 삶 속에 녹여 낸다. '생태전환교육', '기후위기 시대를 맞아 인간 중심적인 사고에서 벗어나 인간과 자연의 공존과 지속가능성을 위해 생각과 행동의 총체적 변화를 추구하는 교육'은 서울시교육청의 중장기 발전 계획이다. 생태교육을 하는 다른 학교들도 그렇겠지만, 운산에서도 자연스럽게 이루어지고 있는 교육이기도 하다. 말로 정의되었던 건 아니지만.

마을로 나아가기

　운산 아이들은 마을을 빌려 쓴다. 학교 주변에 사는 친구들이 한 명도 없기 때문이다. 학군에 사는 두 아이가 있긴 하지만 사실상 걸어 다닐 수 없는 거리에 살기에 모든 아이들이 마을을 빌려 쓴다고 볼 수 있다. 아이들은 마을분들이 농사짓는 논에서 놀고 마을 길을 산책하며 마을의 이야기를 듣는다. 그래서 마을과 함께, 마을에 살고 계신 주민들과 함께하기를 바란다. 이와 더불어 아이들에게 다양한 교육의 기회와 경험을 주기 위해서도 마을이 학교에 들어오기를 바란다.

　그러나 코로나 상황이 지속되고 학교가 커지면서 마을 주민들이

학교에 거리감을 느끼신다는 생각이 든다. 그전에는 집에 TV가 안 나온다며 어르신들이 교무실에 들어오기도 하고, 학교에서도 마을로 나가서 어른들을 뵙고 오는 것이 자연스러웠다. 지금은 모든 것이 조심스럽다. 학교에서 마을로 나가는 것도, 마을에서 학교로 들어오는 것도. 그럼에도 최소한의 마을 활동은 하려고 노력한다.

운산에서는 매년 어버이날에 노인회관을 방문한다. 혹은 가정의 문을 두드려 인사를 드린다. 아이들은 할아버지, 할머니들께 직접 만든 카네이션이나 편지를 드리며 안부를 묻는다. 입학식에도 추석에도 마을로 나간다. 특히 올해는 3월 2일에 눈이 많이 와서 아이들이 학교에 오지 못했고 마을에도 눈이 가득했다. 그래서 올해는 아이들이 그림을 그리고 문구를 적어 마을로 나가 눈을 치우며 입학 떡을 나누어 드렸다. 저학년은 작은 쓰레받기를 들고, 고학년은 눈삽을 들고 나갔다. 사실 아이들이 해 본 적도 없는 눈 치우기를 제대로 할 리가 없다. 눈 장난을 하는 시간이었지만 그럼에도 불구하고 마을 어르신들은 기꺼이 본인들의 마당을 내주시며 즐거워하셨다. 아이들은 그 안에서 관계의 즐거움을, 나눔의 기쁨을 배웠다. 농사를 도와주시겠다는 약속을 받아 냈고 새끼줄 꼬는 법을 배우기로 했다. 마을의 역사 이야기도 듣기로 했다. 학교에서 배우지 못하는 것들을 마을에서 살아 있는 모습으로 배울 수 있다.

협업도 한다. 마을 어귀에 '반짝반짝스튜디오'라는 곳이 있다. 우연치 않게 방문했는데 학교에 굉장히 애정을 가지고 계셨다. 작년에는 함께 기획하여 사진전을 하기도 했다. 사진 찍는 법을 배워 사진을 찍고, 모델이 되고. 스튜디오에서는 인화를 하고 액자 작업을 해 주셨다. 그리고 사진을 찍은 한 명 한 명이 작가이자 도슨트가 되어 드레스 코드를 정하고 사진전에 참여한 다른 학생들에게 사진에 대한 설명을 해 주었다. 교사들도 함께했다. 학교에는 은은한 클래식이 흘러나왔다. 스튜디오 작가분이 이렇게 말씀하셨다.

"제가 경험한 전시회 중에 참여자들이 가장 진지하게 참여한 전시회예요. 정말 뜻깊고 감동이네요."

올해는 학교에 있는 나무집을 스튜디오 분들과 아이들이 함께 이야기를 나누고 작업하여 업그레이드하려고 하고 있다.

왜 와요?

운산분교는 대부분의 아이들이 에듀버스로 통학한다. 학생 수가 버스 수용 인원보다 많아 두 번으로 나누어 에듀버스를 운행하는데 제일 먼저 타는 친구는 8시 정도에 버스를 탄다. 이렇게 일찍 나오면서까지 올 일인가? 아이들도 부모님도 너무 피곤할 텐데. 그래서 묻곤 한다. "왜 와요?"

작은 학교라고 뭔가 특별할 것 같지만 엄청나게 특별한 것은 없다. 운산에서 조금 다르다고 할 만한 부분은 선생님들이 우리 반이 아닌 다른 학년 아이들의 특성도 어느 정도는 다들 파악하고 있다는 점이다. 선생님들이 다른 학년 아이들과도 스스럼없이 놀 수 있다는, 아니 놀고 있다는 점일 것이다. 운산은 교장 선생님도 교감 선생님도 행정실도 없지만 담임들에게 업무를 주지 않으려고 노력한다. 대부분의 업무는 두 명의 부장교사(안타깝게도 한 분은 담임이시다)와 교무행정사님이 처리한다. 담임교사의 업무는 수업과 아이들과의 소통이다. 이것이 지켜지면 학부모는 아이들을 학교에 보낸다고 생각한다. 학교에서 선생님들이 방과 후에 아이들과 운동장에서 놀고 있으면 아이들을 데리러 온 부모님들이 그 모습을 보고 있다 사진을 찍으신다. 그리고 말씀하신다. 이 학교에 다녀서 참 좋다고, 감사하다고.

2학년 담임을 하던 시절, 유달리 많이 다치고 넘어지던 학생이 한 명 있었다. 걸을 때 바닥이 안 보이냐고 물으면 당연하다는 목소리로 "안 보이죠. 앞을 보는데 바닥이 보여요?" 하고 되묻던, 앉아서 발을 치켜들고 "이렇게 하면 보여요..!"라고 대답하던 아이. 그 아이 부모님이 아이가 너무 많이 다친다고, 학교가 안전하지 않게 느껴진다고 불같이 화를 내셨다. 참 죄송하고 미안한 마음에 거듭 사과를 했지만 전학을 생각하신다는 말에 정신이 아득해졌다. 나도 모르게 내뱉었다.

"전학 보내셔도 내년에 보내시면 안 돼요? 제가 아이를 너무 예뻐하는데요."

그 말 한마디에 쏟아 내던 화가 다 풀리셨다. 결국엔 관계고 사랑이고 소통이다. 내 아이가 더 많은 사랑을 받을 수 있는 공간. 내 학생들에게 더 많은 사랑을 줄 수 있는 공간. 그런 학교가 되는 것이 이상적이지 않을까?

2022년 3월, 운산분교장이 운산초등학교로 승격합니다

운산분교는 2022년 3월에 운산초등학교로 승격한다. 강원도에는 참 많은 작은 학교들이 있다. 통상 60명 이하의 학교를 작은 학교라고 하는데 강원도 초등학교의 50% 정도가 여기에 해당한다. 당장 우리 학교만 하더라도 2025년까지 학구 내 학령인구는 계속 두 명뿐이다. 운산이 학생 수가 늘어나서 본교가 될 때까지는 두 가지 큰 변곡점이 있었다. 학교를 알리게 된 것과 학교 특색 교육과정이 있다는 것. 물론 여기에는 집중 거주 지역이라고 볼 수 있는 아파트 단지들이 차로 20분 거리 안에 있다는 것을 간과할 수 없다. 통학 거리는 중요한 부분이다.

하루에 왕복 30분 이상을 이동하는 데 쓰면서도 아이를 학교를 보내는 것에는 학교에서 하는 무언가가 마음에 울림을 주었기 때문이라고 생각한다. 학교마다 학교에서 할 수 있는 무언가를 해야 한다. 아이들에게 저마다 다른 색을, 개성을 주어야 하는 것처럼 학교들도 저마다 다른 색을, 개성을 가지고 있어야 한다. '좋으니 우리도 하자'보다 '우리 학교는 이런 게 있으니 이걸 한번 해 보자'는 생각으로 접근하여 다양한 교육과정을 학교의 위치, 기반, 환경 들에 맞게 설정할 수 있어야 한다. 한 명 한 명의 아이들이 소중한 것처럼 하나하나의 학교도 소중하다. 저마다의 역사와 숨결과 색채가 있기 때문이다.

운산분교가 승격하게 된 것은 구성원들이 잘나서가 아니다. 우리 학교가 아니더라도 대부분의 선생님들이 열심히 교육하고 아이들을 사랑하고 더 나은 것을 주기 위해 노력하고 있다. 대부분의 학교들이 학생들에게, 학부모들에게 더 나은 편의를 제공하려고 노력한다. 운산은 그저 작은 것들 하나하나가 모여 운이 좋게도 학부모들의 신뢰를 얻고 지역에 알려진 것뿐이다. 교육계는 지금 학령인구의 감소와 지역 소멸이라는, 교육만으로는 해결할 수 없는 난제에 부딪혀 있다. 하지만 그런 상황에서도 학교들 하나하나가 저마다의 색을 뿜어내며 교육의 저변을 확대해 가는 미래를 그려 본다.

왜 해야 하는데요?

한전초등학교 교사 **정준영**

2월이 되면 학교는 분주해진다. 발령이 나고, 새로운 구성원이 확정되고, 교육과정 함께 만들기로 모두 모인다. 학년을 배정하고, 업무를 나누느라 끝없는 눈치 싸움이 시작된다. 맡기 싫은 업무는 늘 새로 발령받은 선생님의 차지. 언제부터인가 교직 사회에 뿌리내려 버렸다. 그렇게 시작된 교육과정 함께 만들기는 그냥 학교의 일정을 정하고, 각 학년 교육과정을 짜기 위한 기초 자료를 확정하면 끝이 난다. 새로운 사람과 간단한 인사만으로 우리는 모두를 다 안 것처럼 해마다 같은 행사를 되풀이하고 늘 비슷하게 일정을 정한다.

나는 이런 부분에 대해 이의를 제기하고 늘 물음표를 던진다.

"왜 해야 하는데요?"

처음에는 불편함이 눈에 보인다. 원하는 학년을 맡지 못해 불편한 심기를 마음속에 품고 있는 전입 교사는 더하다.

'원하는 업무도 학년도 아니어서 가뜩이나 불편한데, 저 선생은 갑자기 왜라니?'

하지만 그러면서 시작한다. 교육과정 함께 만들기는 왜 해야 하나? 그 의미를 찾아보는 시간을 갖는다.

교육과정 함께 만들기를 주간으로 운영하기 시작하면서 일선 학교에서는 극과 극의 학교 분위기가 연출된다. 민주적 협의 문화를 갖추라고 아무리 이야기해도 현재의 체제에서는 절대로 민주적일 수 없다. 우리 스스로 함께하는 교육공동체가 아니라 나 자신만의 편의를 위해서 남에게 모든 것을 넘기고 편안한 업무, 편안한 학년을 차지하는 기득권을 주장하는 학교에서는 더더욱 어렵다.

나는 학교에서 늘 선배임을 주장한다. 내가 선배니까 내가 더 많은 경험을 가지고 있으니까 내가 더 일을 하려고 노력한다. 사람들은 과연 그 많은 것들을 혼자서 할 수 있냐고 묻지만 나는 내가 선배니까 더 하면 된다고 이야기해 준다. 기득권을 주장하는 선배의 모습보다는 열심히 일하는 선배의 모습이 멋져 보여서 그런 것은 결코 아니다. 이렇게 주장하는 데에는 '왜?'에 대한 물음에서 출발한다.

나는 23년 차 교사다. 가장 후배였을 때에는 선배들에게 사랑받는 후배로, 많은 부분을 선배님들께 여쭤보던 그냥 꿈 많은 교사였다. 회식을 하면 선배님들이 후배 저녁을 매번 사 주셔서 죄송스럽지만 얻어먹기만 한 후배였고, 그 속에서 선배들의 이야기를 들으면서 살다 보니 어느덧 나도 선배가 되었다. 학교 일은 매년 같은 행사의 연속이어서 작년에 했던 선배나 전임자의 자료를 잘 받아서 그냥 운영하기 일쑤였고, 그렇게 운영하면 어려움 없이 그대로 운영할 수 있었다. 새롭게 무엇을 하려고 하면 늘 다른 선생님들은 굳이 그렇게 할 필요가 있냐고, 그냥 담당자가 알아서 하라는 듯 말씀하셨다. 그렇게 살면 그냥 되는 줄 알았다.

그러나 어느 순간 나에게 '왜?'라는 의문이 들기 시작했다. 이걸 왜 해야 하지? 이걸 왜 그렇게 해야 하지?

이런 의문은 다시 본질적인 교사의 삶에 대해서도 의문이 들기 시작했다. 왜 아이들에게 이렇게 가르쳐야 하지? 왜 과학 행사를 진행해야 하지? 나는 아이들에게 어떤 교사일까? 등등

그러면서 공부 모임에서 하나의 활동을 하게 되었다. 지난 1년간 내가 아이들과 했던 것들을 적어 보는 활동이었는데, 평소에도 아이들과 함께하는 활동에 관심과 욕심이 많아서 신나게 마인드맵 프로그램에 열심히 적었다. 마지막으로 이것을 분류해 보니 나는 많은 활동을 그냥 하는 교사였다는 것을 알 수 있었다. 이 활동은 '나는 어떤 교사인가?'에 대한 물음을 다시 시작하는 계기가 되었다. '과연 나는 이 많은 활동에서 어떤 의미를 찾게 해 주는가?'에 대한 물음이 자연스럽게 생겨나기 시작했고, 그해 나는 '왜'에 집중해서 모든 활동을 계획하고 아이들과 만나기 시작했다.

아이들과 함께한 W.S 프로젝트

선배님들은 늘 아이들은 3월에 잘 잡아야 한다고 말하고, 나한 테도 3월에 아이들 앞에서 웃음을 보여서는 안 된다고 말씀하셨다. 그래서 처음 만나는 아이에게 첫인사는커녕 잔뜩 화난 얼굴로 아이를 대한 적도 많았다.

"왜 그렇게 해야 하지?"

"3월을 잘 잡으면 정말 1년이 편했나?"

아이들의 첫날에 대해 상상하면서 내 생각에 변화가 시작되었다. 아이들은 3월 첫날 학교에 오기 전에 우리 선생님, 우리 교실, 새로 만나는 친구들에 대해서 기대와 걱정을 한 아름 안고 교실에 들어선다. 교실에 들어서니 반가운 얼굴도, 평소 껄끄러운 아이도 있다. 아이들은 정말 긴장감을 가득 안은 채 앉아 있다. 그런데 내가 들어와서 이 아이들을 더 긴장하게 만드는 것은 아이들을 더 힘들게 하는 것이다.

그래서 3월의 첫날, 따뜻한 교실 분위기를 만들어서 아이들이 정말 따뜻하고 편안한 마음을 갖도록 했다. 아침에 읍내 빵집에서 아이들에게 줄 빵을 하나씩 사서 접시에 담아 놓고, 따뜻한 차와 편안한 음악, 그리고 미리 히터를 켜 놓고는 아이들을 기다린다. 책상에는 우리 반에 대한 소개 자료와 월간 학습 예고안과 아이들이 친구들이 올 동안 읽을 만한 그림책들을 가져다 놓는다. 아이들은 잔뜩 긴장한 채 들어오고, 나는 아이들을 웃는 얼굴로 맞이한다. 차를 한 잔 타 주고, 잠깐 이야기를 나누다 보면 아이들의 긴장한 얼굴은 차차 풀린다. 작년에 가르쳤던 아이에게 받았던 선생님 사용 설명서를 나눠 주고 잠깐 동안이지만 아이들은 선생님을 알아 간다. 이윽고 교실이 모든 아이들로 채워지면 레고 하나로 수업을 시작한다. 오리 레고 키트를 주고는 내가 생각하는 오리를 만들어 보게 하고, 그것을 모두 전시한다. 늘 그렇지만 모든 아이들의 오리는 조금씩 다르다. 그러면서 아이들과 이야기를 나눈다. 우리는 모두 다르고, 그 다른 것은 틀린 것이 아니라고. 아이들과 처음 나누는 메시지는 다름을 아는 것에서 출발한다. 그리고는 바로 자신만의 캐릭터를 레고로 만들어서 이야기를 나눈다. 자신이 가지고 있는 아이템으로 자신을 소개한다.

모든 놀이는 협력으로 시작해서 협력으로 끝낸다. 아이의 성장에 경쟁은 아무런 득이 없다는 생각에 모든 활동에서 경쟁의 요소를 없애고 진행한다.

우리 반 3월 첫 만남의 하루 일상이다. 걱정되었는데 생각보다 어렵고 힘들지 않았다는 우리 반 아이의 소감처럼 따뜻하고 편안한 교실을 만들기 위한 첫날 W.S 프로젝트 프로그램이다. W.S 프로젝트란, 'With Start'라고 하여 '빨리 가려면 혼자 가고, 멀리 가려면 함께 가라'는 아프리카 격언처럼 함께 시작해서 마지막까지 손잡고 걷는 길에서 첫발을 내딛기 위해 준비하는 시간을 구성하는 프로젝트를

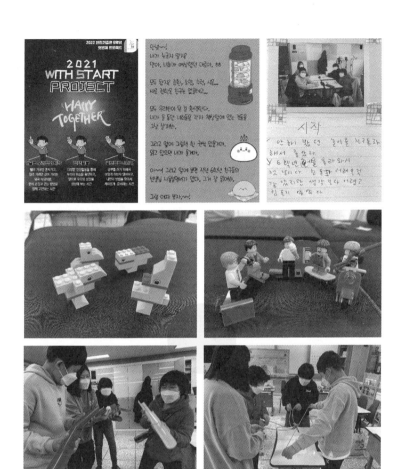

말한다. 이 프로젝트는 1년을 함께 가기 위한 여정의 출발로 협력과
배려의 학급 시스템 갖추기, 진단 활동과 공부 방법을 배우는 것으
로 구성하여 진행했다. 아이들은 3월 한 달 동안 우리 반에서 함께
생활하기 위한 규칙을 만들고, 역할을 나누며, 다양한 존중과 배려

방법을 배워서 함께 출발하는 공동체를 다진다. 그러면서 학습에 필요한 학습 방법을 배우고, 현재 자신의 출발점을 진단한다. 그 안에서 아이들과 함께할 프로젝트를 같이 구성하고, 교과서를 훑어보면서 교육과정도 아이들과 함께 구성한다.

한 달간 이런 공부를 하면 아이들 각각의 빛깔을 발견하고 학생 개개인에 맞는 개별화 교육과정을 구상할 수 있게 된다. W.S 프로젝트는 우리 반 1년에서 가장 중요한 시작을 다져 주는 중요한 프로젝트가 된다.

힘이 잔뜩 들어간 수업에서 힘을 빼는 수업으로 바꾸기

공개수업은 교사가 참 많은 것을 준비해서 보여 주는 수업으로 신경이 많이 쓰인다. 더구나 학부모에게 하는 공개수업은 더더욱 신경이 쓰인다. 이 수업을 원활하게 진행하면 학부모에게 인정받지만 그렇지 않으면 입장이 굉장히 난처하다. 또한, 교사끼리 하는 수업도 마찬가지다. 내 교실 안에서 하는 수업은 늘 독립적이고 서로 간섭하지 않는 불문율이 있어서 교사끼리 수업에 대해 이야기하고 그것을 공개하는 것은 참 어렵다.

몇 년 전 공개수업을 망친 적이 있었다. 그것도 준비를 열심히 해서 멋진 모습을 보여 주려다가 한 아이로 인해 수업을 망쳤다. 더구나 그 아이는 부모님이 자리에 있었는데에도 내 수업을 망쳐 버렸다. 그렇게 수업을 망치면 교사로서 자괴감도 들고, 그 아이가 미워지기 시작한다.

열심히 수업을 준비하면 아이들한테 더 많은 기대를 갖게 된다. 그래서 기대의 반대인 실망이 더 많아지는 것도 당연하다. 그렇다고 실망하지 않기 위해 수업 준비를 하지 말자는 것은 절대로 아니다.

수업에서 힘을 조금 빼자는 이야기이다. 우리가 가장 중요하게 생각하는 것을 아이들에게 강조해서 말을 하는데, 아이들은 도무지 그것이 중요하다고 인식하지 않는다. 그래서 교사는 엄청 강조하지만, 학생은 동의하지 않는다. 그러면 수업이 제대로 되지 않는다. 수업에서 힘을 빼는 것은 아이들에게 수업의 주도권을 넘겨주는 것이다. 아이들에게 중요한 것들을 찾아보게 하면 아이들도 잘 찾는다.

나는 아이들과 W.S 프로젝트 기간에 마인드맵을 그리고 수업에 대한 이야기를 함께 나눈다. 아이들은 과목의 마인드맵을 통해 1학기 교육과정의 내용을 훑어보고는 함께 수업 순서를 바꾸거나 프로젝트 주제를 정하기도 한다. 아이들의 이야기는 거의 수용되어 학년 교육과정이 완성된다.

그런데 여기서 가장 중요한 것이 하나 있다. 바로 수업에서 경쟁의 요소를 제거하는 일이다. 아이들은 경쟁을 시키면 모두를 경쟁자로 인식해서 함께 공유하거나 함께 공부하는 것을 불편해한다. 나만 잘하면 된다는 생각으로 혼자서 과제를 끝내고 옆 친구에게 보여 주지 않는다. 그러나 우리 반 아이들에게 첫 공부 시간에 경쟁이 아닌 협력을 강조하고, 모두가 함께 목표를 통과하면 모두 성장한 것으로 여기는 '협력을 통한 모두의 성장'에 대해 이야기해 주고, 늘 함께 성장하도록 강조한다.

그렇게 하고는 모든 수업에서 교사의 강의를 거의 제거하고, 아이들끼리 협력을 통해 교과의 내용을 습득하게 한다. 아이들은 학습 목표를 숙지하고 직접 친구와 짝을 이루거나 모둠을 이루어서 문제를 해결한다. 이때 교사는 아이들에게 답을 쉽게 알려 주지 않고 직접 아이들이 문제를 해결하게 하고, 모든 친구들이 모르는 문제만 집중해서 가르쳐 준다. 그러면 아이들은 모두가 모르는 문제에 대해 집중하게 된다.

교사는 많이 가르치지 않아서 힘이 덜 들어가게 되고, 아이들은 수업의 주도권을 자신들이 갖게 되어 더 적극적으로 공부하게 된다. 이렇게 공부하면서 아이들의 성취도가 더 높았다.

삶 프로젝트

우리 학교는 프로젝트 교육과정을 기반으로 운영하는 학교이다. 프로젝트는 아이들의 삶에 대한 문제를 가지고 협력하여 문제를 해결하는 과정인데 우리 학교에서는 아이들의 삶을 행복하게 하기 위한 다양한 프로젝트를 학교, 학년군, 학교단위의 프로젝트로 계획해서 아이들과 함께하고 있다.

"왜 아이들 삶에 연계가 되어야 하지?"

우리 학교 교육과정 함께 만들기는 그래서 다른 학교보다 분주하다. 5일을 꼬박 하고, 그것도 모자라서 학년군별로 선생님이 따로 모인다. 선생님들과 왜 프로젝트를 해야 하고, 아이들 삶과 연계해야 하는지 일장 토론을 펼친다.

아이들의 배움은 삶과 연계되어야 한다. 그것이 바로 아이들의 배움이 삶에서 의미 있어야 하기 때문이다. 그래서 우리 학교 선생님들은 아이들의 삶 속에서 프로젝트 주제를 찾아서 의미 있는 앎이 되도록 함께 고민해서 교육과정에 반영한다.

우리 학교 프로젝트는 교육과정과 함께 가려는 노력을 하고 있다. 첫해는 단순히 프로젝트 주제를 알리고 아이들을 참여시키는 것에 만족했다면, 올해부터는 주제 선정부터 실행에 이르기까지 계속해서 선생님들이 적극적으로 의견을 내며 이야기하고 있다. 특히 선생님들은 작년부터 전문적학습공동체에서 프로젝트 수업에 대해 공부하고, 직접 알아 가는 경험의 시간을 보냈다. 집단 지성의 힘을 바탕으로 올해는 직접 학급 교육과정에 반영해서 각 학급의 개성을 살리며 아이들과 함께 프로젝트 수업을 진행하고 있다.

프로젝트 학습을 효율적으로 운영하려면 다양한 예산 지원이 필요해서 도교육청, 지역 교육청의 사업에 응모하여 재원을 마련했고, 그것은 고스란히 우리 학교의 △ㅏㄹㅁㅍ로젝트를 위해서 요긴하게 쓰이고 있다.

이를 바탕으로 우리 고장의 자랑스런 인물에 대해 공부하는 박수근 프로젝트로 직접 박수근에 대해 공부하고, 그것을 통해 양구를 사랑하는 마음을 갖고 있고, 나눔의 의미를 알기 위해 환경 플리마켓을 열어서 자유로운 플리마켓 활동으로 모인 수익금을 연탄 배달 봉사를 하는 데 쓴다.

또한 우리 학교 3~6학년 학생들은 그림책에 대해 관심을 가지고 그림책 작가와 마을 선생님과 함께 그림책 만들기 프로젝트를 해서 작년에 이어 올해도 네 권의 그림책을 정식으로 출판하게 되었다.

우리 반 친구들은 5학년 학생들과 함께 역사 공부를 하면서 역사 드라마를 제작하는 역사 드라마 프로젝트를 진행하고, 졸업을 앞두고는 아름다운 마무리 프로젝트를 진행하여 아이들의 삶 속에서 배움이 일어나도록 다양한 프로젝트 교육과정을 운영하고 있다.

우리 학교는 만들어 가는 교육과정을 한다

학교 교육과정은 보통 1년의 행사를 거의 고정해서 계획하면 그대로 진행되는 편이다. 이러한 교육과정을 계획하는 주체는 교무부장과 연구부장에 의해 거의 완성되고, 2월에 있는 교육과정 함께 만들기 때 거의 완성된 교육과정을 통보하는 것으로 끝난다.

"왜 교육과정은 교무부장과 연구부장이 짜죠?"

2021학년도 6학년 2학기 교육과정 운영계획

1. 프로젝트 중심의 교육과정 시수 총괄표

프로젝트	교과활동										창의적체험활동				계
	국어	수학	사회	과학	음악	미술	실과	체육	도덕	영어	창체	자율	동아리	봉사	진로	
교과서 프로젝트	26			10												36
운석프로젝트						19								5	15	
샘앤프로젝트	10		6	8	19			8								42
나눔프로젝트	5	10		3				1		3						22
세계시민 프로젝트	26	4	12													40
문어도 없기	40															40
부듬과 교과활동 프로젝트	7	6	6	6			8		10							43
프로젝트 프로젝트	10	10	4		4			4								30
독립운동 프로젝트				13												37
프로젝트수업 계	98	0	50	0	35	14	27	36	0	0	23	0	3	5	280
일반 수업 계	66	98	17	56	5	9	16	48	17	8	0	8	340
계	98	66	98	50	32	33	19	47	16	48	35	8	3	520

2. 프로젝트별 교육과정 운영계획

그림책 만들기 프로젝트(그림책 속으로 풍덩) - 2학기

◆ 프로젝트 개요

(본문 설명)

◆ 프로젝트 기간 : 2021.9.1.~10.31.

◆ 2015 개정교육과정 성취기준

과목	영역	성취기준
국어	쓰기	[6국03-04] 적절한 근거와 알맞은 표현을 사용하여 주장하는 글을 쓴다.
국어	쓰기	[6국03-05] 체험한 일에 대한 감상이 드러나게 글을 쓴다.
국어	쓰기	[6국03-06] 독자를 존중하고 배려하며 글을 쓰는 태도를 지닌다.
국어	문법	[6국04-04] 관용 표현을 이해하고 적절하게 활용한다.
국어	문학	[6국05-04] 일상생활의 경험을 이야기나 극으로 표현한다.
국어	문학	[6국05-05] 작품에 대한 이해와 감상을 바탕으로 하여 다른 사람과 적극적으로 소통한다.
미술	체험	[6미01-05] 미술 활동에 타 교과의 내용, 방법 등을 활용할 수 있다.
미술	표현	[6미02-05] 다양한 표현 방법의 특징과 과정을 탐색하여 활용할 수 있다.

◆ 시수 운영계획

과목	국어	미술	계
시간	26	10	36

◆ 교육활동 운영계획

학습내용	과목	시수	비고
▶그림책 작가들이 궁금해! 작가! · 구성원 스토리로 그림책 구성하기 · 그림책 이야기, 구성하기	국어(6)	1~6	
▶그림책 작품세계(감상): 읽기 · 주제와 그림책 구성하기 · 이야기 만들기	국어(6)	7~13	
▶그림책 작품세계(감상): 쓰기 · 그림책 협동하기 · 가족책 이야기 만들기	국어(6)	13~18	
▶그림책 그림 구성하기 · 소설책 그림 따라 및 나누기	미술(4)	19~28	
▶그림책 출판 기념회 · 그림책 출판 기념회 및 그림책 발표하기 · 그림책 만들고 만들기	국어(6)	29~36	

나. 프로젝트별 교육과정 운영계획

W.S 프로젝트

◆ 프로젝트 개요

(본문 설명)

◆ 프로젝트 기간 : 2021.03.02.~3.31.

◆ 2015 개정교육과정 성취기준

과목	영역	성취기준
국어	말하기/듣기	[6국01-01]구어 의사소통의 특성을 바탕으로 하여 듣기·말하기 활동을 한다.
국어	말하기/듣기	[6국01-03]절차와 규칙을 지키고 근거를 제시하며 토론한다.
국어	말하기/듣기	[6국01-04]자료를 정리하여 발표 내용을 체계적으로 구성한다.
국어	말하기/듣기	[6국01-05]매체 자료를 활용하여 내용을 효과적으로 발표한다.
국어	말하기/듣기	[6국01-06]드러나지 않거나 생략된 내용을 추론하며 듣는다.
국어	읽기	[6국02-02]글의 구조를 고려하여 글 전체의 내용을 요약한다.
국어	읽기	[6국02-03]글을 읽고 글쓴이가 말하고자 하는 주장이나 주제를 파악한다.
국어	읽기	[6국02-04]글을 읽고 타당성과 표현의 적절성을 판단한다.
국어	쓰기	[6국03-04]적절한 근거와 알맞은 표현을 사용하여 주장하는 글을 쓴다.
국어	문법	[6국04-01]언어는 생각을 표현하며 다른 사람과 관계를 맺는 수단임을 이해하고 국어생활을 한다.
사회	정치	[6사01-01]민주주의에서 선거의 의미와 역할을 파악하고, 시민의 주권 행사 방법을 알아본다.
사회	정치	[6사02-01]인권의 중요성을 인식하고 인권 신장을 위해 노력했던 옛사람들의 활동을 탐구한다.
도덕	[6도02-01]사이버 공간에서 지켜야 할 예절과 법을 알고 습관화한다.
도덕	사회/공동체	[6도03-01]인권의 의미와 인권을 존중하는 삶의 중요성을 이해하고, 인권 존중의 방법을 익힌다.
도덕	사회/공동체	[6도03-02]공정성의 의미와 공정한 사회의 필요성을 이해하고, 공정하게 생활하려는 실천 의지를 기른다.

◆ 시수 운영계획

과목	국어	수학	사회	영어	창체(자율)	계
시간	35	3	10	1	11	60

나눔 프로젝트

◆ 프로젝트 개요

(본문 설명)

◆ 프로젝트 기간 : 2021.10.1.~12.20.

◆ 2015 개정교육과정 성취기준

과목	영역	성취기준
국어	듣기/말하기	[6국01-02]의견을 제시하고 함께 조정하며 토의한다.
국어	읽기	[6국02-02]글의 구조를 고려하여 글 전체의 내용을 요약한다.
국어	문학	[6국05-06]작품에서 얻은 깨달음을 바탕으로 하여 바람직한 삶의 가치를 내면화하는 태도를 지닌다.
사회		[6사02-02]생활 속에서 인권 보장이 필요한 사례를 탐구하여 인권의 중요성을 인식하고, 인권 보호를 실천하는 태도를 기른다.
사회		[6사03-02]우리나라의 지역별 특성을 살펴보고, 지역의 변화 모습을 조사한다.
실과		[6실02-05]바느질의 기초를 익혀 간단한 수선에 활용한다.

◆ 시수 운영계획

과목	국어	사회	실과	창체(자율)	창체(봉사)	계
시간	5	10	3	1	3	22

◆ 교육활동 운영계획

학습내용	과목	시수	비고
▶나눔을 위한 준비하기 · 나누기의 나눔을 반영하기?	국어(6)	1~7	
▶나눔을 위한 계획세우기 · 어떤게 나눌 것을 알아보기?	국어(4)	3~4	
▶나눔 준비하기-실행하기 · 양말목 공예 따라하기 · 적은 양말목을 활용한 컵받침 따라보는 방법 및 여러 생활용품 만들기	실과(4)	5~7	교통안전(2)
▶나눔을 기념하기 및 만들기? · 우리나라의 지역주제 대해 알아보기 · 모의게임 만들기	사회(3)	9~15	
▶나눔을 기념하기 봉사 · 연말연말을 위한 기증 준비하기? · 따뜻한 한켠에 배려되나	사회(2) 창체(봉사)	16~20	교통안전(2)
▶상담나누기 · 활동에 소감을 담아 쓰고 영상으로 담기?	국어(2)	21~22	

"교육과정 구성에 누구의 의견이 반영되었나요?"

이런 물음으로 이의를 제기하면 참 불편한 상황이 일어난다. 보

통 교육과정은 교무부장과 연구부장이 1월 즈음에 구성하기 때문에 선생님들은 어떤 이의 제기도 없이 받아들여서 그것을 가지고 학년 교육과정을 구성한다. 사실 효율성으로 따지면 이 시스템은 두 명만 고생하면 된다. 그러나 이것은 학교행사 하나하나를 철학으로 바라보지 못하고 매년 으레 하는 행사 수준에 머물게 만든다. 이런 문제들에 이의를 제기하여 만든 것이 바로 만들어 가는 교육과정이다.

만들어 가는 교육과정이란? 다양한 교육 주체들이 함께 만들어 가는 교육과정으로 교사, 학부모, 학생의 요구로 매달 교육과정을 논의하고, 그것을 반영하여 탄력적으로 운영하는 교육과정이다.

우리 학교에서 운영하고 있는 만들어 가는 교육과정은 코로나19 상황에서 수시로 변화되는 상황에 대처하고자 구안한 교육과정으로 교사회에서 아이들의 의견을 수렴하고 교육과정 협의회를 통해 다음 달 교육과정으로 확정해서 다양한 교육 활동을 준비한다. 이렇게 한 달 전에 계획해서 준비하면서 가장 먼저 하는 것은 행사에 대한 필요성에 대한 논의이다. 학교에서 하나의 교육 활동을 계획할 때, 우리 학교 철학의 어느 부분에 속한 활동인지 먼저 규정해 보고, 우리가 이 활동을 통해 아이들과 함께 나눌 부분이 무엇인지 논의해서 결정하는 교육 활동이야말로 교사들이 꿈꾸던 교육과정이 아닐까? 행사로 교육을 바라보는 것이 아니라 교육 본연의 모습으로 교육을 바라보고, 모든 활동은 모두 철학 바라보기에서 시작된다. 그것을 통해 이 활동의 모든 것은 교사협의회에서 결정되고, 모두가 참여하는 교육 활동으로 계획되어 운영된다. 이렇게 하면 한 명에게 몰아서 진행하던 종래의 교육 활동이 모두가 참여하는 교육 활동이 되고, 교사들은 그것을 직접 전달에 계획해서 준비하게 되어 더욱더 교육 본연의 목표를 이룰 수 있는 활동으로 집중해서 운영할 수 있다.

'왜'를 늘 던져 본다

교육을 늘 '왜'라는 물음에서 출발하면 처음에는 불편해하고, 굳이 그렇게 깊이 생각해야 하냐고 반문을 하는 경우를 많이 경험해 왔다. 매년 했던 교육 활동이라 지난 공문을 다시 찾아서 숫자만 바꿔서 진행하고, 그에 대한 평가는 늘 똑같이 서로 잘한 것으로 마무리된다. 이렇게 하면 사실 교육과정 평가도 굳이 할 필요가 없다. 그렇게 하기 때문에 당연히 학교와는 전혀 맞지 않는 업무 중심의 교육과정 평가회가 열린다.

'왜'라는 물음은 결국은 교육을 바로 세우는 일이고, 함께 고민하는 시작점이 될 수 있다.

"이거 왜 해야 할까요?"

"이것은 무엇을 위해서 하는 걸까요?"

이런 물음에 답하려면 늘 우리 학교의 철학이 중심이 되어야 하고, 교사들이 철학에 대한 합의와 각자 자신의 교육철학을 세워야 한다. 사실 이런 것들을 우리가 나누지 못하는 것은 바로 시스템의 문제라고 생각한다. 업무 중심으로 교사들을 나누고, 학교 운영비도 모두 업무 중심으로 되어 있기 때문에 모두 업무가 중심인 양 생각하고 있다. 요즘은 그래도 많은 학교에서 업무 전담팀이 있고, 선생님들의 업무가 점차 줄고 있는 것은 정말 다행이다. 그러나 아직도 작은 학교는 업무가 먼저이고, 교육이 나중인 경우가 많아 갈 길이 멀다.

우리 학교의 경우 학년 초에 업무를 조정할 때 교무부장과 연구부장이 많은 업무를 맡고 담임선생님들에게는 최소한의 업무만 배정했다. 그렇게 되면 담임선생님은 업무가 아닌 수업에 초점을 맞춰서 운영할 수 있다. 수업에 초점을 맞춘 교사는 깊이 있는 수업을 고민하게 되고, 바로 그 고민은 교사들을 모이게 하고 함께 공부하게 한다. 자연스럽게 전문적학습공동체가 만들어진다.

교사들이 아이들 이야기와 수업 이야기를 하다 보면 자연스럽게 함께할 수 있는 것들을 계획하게 되고, 그것을 직접 실행에 옮겨서 프로젝트를 구성하게 된다. 학교의 시스템은 교사가 마음 놓고 고민하며 만들어 가는 교육과정을 허용하고, 관리자는 결재 중심이 아닌 지원 중심으로 경영해야 한다. 거기에 교사에게 행정과 재정적 지원으로 많은 권한을 줄 수 있으면 더 좋을 것이다.

"왜 해야 하는데요?"

우리 학교 선생님들에게 이 물음은 불편한 마음을 갖게 하는 물음이었지만 지금은 학교의 철학을 살리고, 스스로의 교육철학을 세워 가는 시작의 물음이 되었다.

작고 아름다운
학교, 그 이상...

운양초등학교 교사 **김기수**

운양초등학교는 전교생 68명이 살고 있는 작은 학교다. 사천면에 살고 있는 원학구 학생은 38명이다. 절반은 사천면 학생, 절반은 시내 학생들이다. 에듀버스 지원이 없는 학교에 학부모들이 아침마다 아이들을 태우고 학교에 온다. 학교 앞 논두렁과 너른 밭이 장관이지만, 아침마다 좁은 길을 채우는 등교 차량도 볼 만하다.

10년쯤 됐을까. 그 당시 운양초등학교는 폐교를 앞둔 작은 학교였다. 전교생 열 명 남짓했던 작은 학교는 아직까지 살아 있다. 그것도 잘 살아 있다. 인구 감소와 지방 소멸이라는 메가트렌드 앞에 조금씩 학생 수가 줄고 있지만, 괜찮다. 긴 세월 동안 쌓아 온 내공은 시골 작은 학교에 지속 가능성을 불어넣었다.

나는 운양초등학교에서 올해 3년째 살고 있다. 운양초등학교는 나의 첫 작은 학교다. 시골보다 도시가 익숙한 나에게, 학생이었을 때는 물론 교사가 되어서도 큰 학교만 다닌 나에게 운양초등학교는 나와 어울리지 않는 학교였다. 하지만 이제 낯설기보다 익숙한, 아니 친숙하다 못해 운양을 사랑하게 됐다. 사랑에 빠진 이유, 작고 아름 다운 운양초등학교에서 교육공동체란 이름으로 살며 느낀 이야기 를 소개한다.

교육은 관계의 학문이다

"한 반에 몇 명 정도 있어?"

처음 운양초등학교에 뿌리내렸을 때 부모님이 물으셨다.

"한 반에 평균 열둘 정도인데, 우리 반 아이들은 황금돼지띠 아 이들이라 열여덟 명이에요. 좀 많아요."

내 말을 들은 부모님은 "에게, 스무 명도 안 되는데 뭐가 많아. 엄 마, 아빠 때 생각하면 그 정도는 무슨. 편하겠다."라고 말하셨다. 편 하겠다는 반응은 우리 부모님뿐만 아니라 큰 학교에서 만난 동료 선 생님들한테도 자주 들었다. 작은 학교를 경험해 보지 못한 그들은 나에게 작은 학교에 대한 궁금증과 물음을 쏟아 냈다. 질문은 대개

한 반에 몇 명 있냐로 시작하고 수업하기 편하겠다, 아이들 관리하기 편하겠다, 늘 '편하겠다'로 끝났다. 이처럼 대개 여러 사람들이 작은 학교를 편하다고 생각한다. 그런데 정말 작은 학교는 편한 학교일까? 우리는 왜 학생 수가 적으면 편하다고 생각하는 걸까?

2019년 6학년 열여덟 명과 시작한 첫 운양살이는 매일 아침 코피로 시작했다. 커피 한 잔의 여유는 개뿔, 아침마다 쏟아지는 코피 때문에 솜으로 코를 꽉 막고 출근하기 바빴다. 아이들은 그런 나에게 괜찮냐고, 무슨 일 있냐고 물었지만 나는 차마 아이들에게 '너희들 때문이야'라고 말할 수 없었다.

운양살이를 하다 보면 선생님들이 겪는 공통점이 있다. 첫해는 너~무 힘들다. 몸도 마음도 운양에 적응하느라 힘들다. 학교 밖 시골 풍경은 참으로 평화로운데 학교 안은 매일매일 우당탕탕, 시끌벅적이다. 운양 아이들은 한 명도 빠지지 않고 서로의 빛깔과 목소리를 내기 때문이다. 하나를 이야기하면 돌아가며 한마디씩 보태고, 하나를 배우면 배운 게 맞는지 돌아가며 묻고 따진다. 무엇 하나 그냥 넘어가는 게 없다.

"선생님, 왜 선생님 마음대로 하세요?"

교사가 홀로 무언가를 결정하면 어김없이 태클이 들어온다. 이유와 설명이 반드시 필요하다. 자유로운 아이들이며 주체적인 아이들이다. 아이들의 이야기를 하나, 둘 모두 듣고 일일이 답해 주면 몸과 마음이 지칠 수밖에 없다. 그래도 다행인 건 이 아이들과 관계를 맺고 대화가 좀 되면 운양살이 두 번째 해는 최고다. 아이들과 선생님의 빛깔이 어우러져 말 그대로 살맛나는 학교살이를 할 수 있다.

자유로운 아이들, 주체적인 아이들은 운양살이 모습 그 자체다. 운양살이는 배움이 일어났는가, 소외가 일어나지는 않았는가. 두 물음을 고민하며 이루어진다. 수업 시간뿐만 아니라 아이가 운양에서 마주하는 모든 순간에 두 물음이 따른다. 두 물음의 교착점에는 '관계'가 있다. 선생님들은 아이들과 관계 맺기 위해 노력한다. 무슨 게임을 좋아하는지, BTS 멤버 중에 누구를 가장 좋아하는지, 지난밤 손흥민이 골을 넣는 장면을 봤는지 시시콜콜한 이야기를 나눈다. 동료 선생님들과 공유하며 우리 반 너머 옆 반 아이들도 들여다본다. 아이들 사이 얽혀 있는 수많은 관계들을 이해하고자 노력한다.

운양의 관계 맺기는 조금 진하다. 교사, 학생, 학부모라는 부여된 자아는 물론 본인의 본래 자아를 드러낸다. 본래 자아를 꺼내면 피곤하다. 대개 많은 직장이 그렇듯 학교도 적정선이란 말로 본래 자아 없이 교사, 학부모, 학생 자아로 마주한다. 하지만 운양은 조금 다르다. 내가 살아가는 운양은 교사, 학부모, 학생이라는 자아와 본래 자아를 마주하기 위해 노력한다. 그 과정에 지칠 때도 있지만 직업과 역할을 넘어 동업자, 동반자를 만나는 행복이 있다. 학교에 출근한다는 말보다 아이들이랑 놀러 간다는 말이, 선생님 그리고 부모님들과 수다 떨러 간다는 말이 자연스러워진다. 직장으로서의 학교가 아닌 하나의 삶터다.

　　교육은 관계의 학문이다. 관계는 학교에서 이루어지는 모든 활동의 시작이다. 수업 시간, 쉬는 시간, 점심시간, 청소 시간 모두 수많은 관계 속에서 이루어진다. 아이들이 학교에 와 입도 뻥끗 못 하고 집에 간다면, 선생님에게 이름 한 번 불리지 않고 집으로 돌아간다면 어떤 기분일까? 수업 시간에 배움이 일어날 수 있을까? 학교에 가고 싶을까? 우리는 학교에서 관계 맺는 법에 더욱 집중해야 한다. 본래 자아 즉, 인간 대 인간으로 관계를 맺고 자신의 역할을 다해야 한다. 이런 삶터를 단지 학생 수가 적어 편할 거라 생각하는 것은 교육을 관계의 학문으로 바라보지 않는다는 말이다. 아이 한 명, 한 명을 관리해야 하는 대상, 지식을 전하기 위한 대상으로만 여기면 안 된다. 큰 학교는 구조적으로 아이들 한 명, 한 명 나아가 학부모 한 명, 한 명과 깊이 있는 관계를 맺기 어렵다. 서둘러 학급당 학생 수를 줄여야 하는 이유다. 하지만 작은 학교라고 모든 작은 학교가 관계를 중심으로 살아가지는 않는다. 큰 학교에 비해 상대적으로 아이들 한 명, 한 명을 마주하기 쉬운 작은 학교에서도 소외되는 아이들이 생긴다. 소외 그리고 관계의 부재 위에 쌓는 교육은 교사와 아이들, 학부모의 삶에 어떠한 의미 있는 향기도 남길 수 없다. 우리는 조금 더 인본주의로 나아가야 한다. 교사 중심 넘어 학생 중심이 아니라 교사와 학생, 학부모를 넘어 인간 중심으로 나아가야 한다. 운양은 그런 학교다. 운양살이 1년 차 코피를 흘리며 얻은 배움이다.

11명의 아이들 11개의 교육과정

"선생님, 저는 핀란드 수학을 하는데 쟤는 왜 기적의 계산법을 해요?"

아이들은 수학 공부를 하다 많이 물었다. 자신과 친구가 하는 공부가 왜 다른지. 그럴 때마다 나는 답했다.

"너랑 쟤랑 다르잖아. 원래 다 다른 거야. 우리가 심었던 해바라기 씨앗처럼."

아이들은 이 말을 잘 이해하지 못했다. 하지만 수학 공부뿐만 아니라 한글 공부를 할 때도, 프로젝트 수업을 할 때도 서로 다른 공부를 하며 조금씩 이해했다. 우리는 모두 다른 사람들이구나. 세상에 똑같은 사람은 한 명도 없구나.

우리는 이상한 세상에 살고 있다. 나랑 쟤랑 똑같지 않은데 똑같아야 한다고 생각한다. 얼굴이 다르고 웃음소리가 다른데, 서로 다른 부모님의 사랑으로 태어났는데 공부는 똑같이 해야 한다고 생각한다. 학교에서 서로 다른 공부를 하는 모습은 상상도 못 한다. 같은 교과서를 보고 같은 활동을 해야 한다고 생각한다. 곰곰이 생각하면 말이 안 되지만, 어른들은 아이들보다 이런 생각을 자주 한다. 똑같은 잣대로 서로 다른 아이들을 재고 가른다. 같은 시간에 같은 공부를 해야 평등한 수업이라고 생각한다. 그런데 과연 이게 평등한 걸까? 운양에서 아이들과 인간 대 인간으로 함께 살아가며 생각했다. 지식을 전수받아야 하는 대상이 아닌 하나의 인간인 아이들에게 수업은 어떤 모습이어야 할까? 우리가 생각하는 평등한 수업은 누구를 위한 평등일까? 평등한 수업이라는 게 있을 수 있을까? 물음이 꼬리를 이었고 나는 수업 시간에 나 대신 아이들을 전면에 세우며 그 답을 찾아가고 있다. 수업 시간에 안 알려 준다. 내가 가르치기보다 아이들이 스스로 배움을 일구어 가는 기회를 만들고 있다.

교실에는 서로 다른 아이들이 서로 다른 모습으로 살아가고 있다. 올해 만난 1학년 별똥별반에는 열한 명의 아이들이 열한 가지 빛으로 공부를 하고 관계를 맺는다. 안 알려 주는 선생님과 각자의 빛깔로, 각자의 속도로 채우는 아이들 모습은 퍽 이상하고 낯선 수업 시간을 만든다. 분명 똑같이 수업을 시작했지만, 시간이 지날수록 서로 다른 공부를 하고 있다. 얘는 집중을 잘하고 꽤나 많은 문제를 푸는데, 쟤는 집중을 못하고 계속 딴짓을 하기 때문이다. 시간이 조금 더 흐르면 교과서나 교재가 바뀐다. 아이들은 서로 다른 모습과 서로 다른 책으로, 서로 다른 과정의 배움을 일군다.

　이런 상황을 마주하면 가끔 마음이 불편하다. 상대적으로 조금 더 공부를 많이 하는 아이가 보이기 때문이다. 어른들은 같은 잣대로 서로 다른 아이들을 평가하기 때문에 교실에서 불평등한 양극화가 발생했다고 생각한다. 하지만 이는 지극히 어른들의 시각이다. 아이들은 각자의 상황에서 최선의 노력을 다해 배움을 일군다. 같은 공간, 같은 시간에서 서로 다른 배움이 이루어질 수 있어야 한다. 얘는 십의 자리 덧셈을 연습하고, 쟤는 일의 자리 덧셈을 연습할 수 있어야 한다. 십의 자리 덧셈을 연습하는 아이가 일의 자리 덧셈을 연습하는 아이보다 공부를 많이 한 게 아니다. 일의 자리 덧셈을 잘하지 못하는데, 선생님이 가르친다고 십의 자리 덧셈을 하는 상황이 이상한 것이다. 각자의 상황에 맞는 배움을 일구어야 한다. 바로 개별화 교육과정이다.

　작은 학교는 개별화 교육과정을 하기에 적합하지만 쉽지 않다. 아이들 한 명, 한 명을 들여다보는 일은 보통 일이 아니다. "자, 이제 선생님을 보자." 매일 고민한다. 아이들을 집중시키고 내 속도로 수업을 진행해야 하지 않을까. 한 차시, 한 차시 진도 계획에 따라 다 같이 한 걸음, 한 걸음 나아가고 싶다. 하지만 참고 또 참는다. 아이들이 수업 시간에 선생님 도움으로 몇 문제를 더 푸는 것보다, 진도를 더 나가는 것보다 중요한 게 있다고 믿는다. 스스로 그 시간에 무언가를 느끼고 배우길 기다린다. 배움과 관계를 맺는 소중한 경험을 스스로 온전히 느끼기를 기다린다.

　아이들은 스스로 배움을 일구는 수업, 안 알려 주는 수업에서 벽에 부딪힌다. 벽에 부딪혀 고민 끝에 말한다. "선생님, 저 모르겠어요. 도와주세요.", "친구야, 이거는 어떻게 하는 거니?" 아이 스스로 배움을 향해 나아가는 모습이다. 어쩌면 스스로 배움을 일군다는 말은 틀린 말이다. 벽에 부딪힌 아이들이 친구와 선생님에게 도움을 구하는 과정이 반드시 있기 때문이다. 그 과정까지 스스로 나아가면 결국 배움은 함께 일구는 것이 된다. 안 알려 주는 수업도 틀린 말일지도 모르겠다. 교사는 아이들 한 명, 한 명 배움의 과정을 살피기 때문이다. 아이가 어려워하는 부분을 파악하고, 어려워하는 이유를 찾아 도움을 줘야 하기 때문이다. 이 모든 과정은 멀리서 보면 시장

통처럼 시끄럽다. 하지만 자세히 보면 나름 치열하고 열정적인 배움의 과정이다.

교사의 교육과정이 사라진 자리에 열한 개의 교육과정이 들어섰다. 별똥별반 수업은 열한 명 아이들의 열한 개의 교육과정으로 채워진다. 수업 전면에 선생님이 있어 소외되었던 아이들이 다시 살아난다. 선생님 기준에 평등한 수업이 아니라 열한 명 아이들 각자에게 맞는 공정한 수업을 함께 만들어 간다.

나는 멋지게 수업을 이끄는 강사의 모습 대신 교육학자 아이즈너가 말한 교육적 감식안을 갖춘 선생님을 꿈꾼다. 아이가 배움을 일구는 모습을 관찰하고 무엇을 성취하는지, 아이들의 성취 형태 사이의 미묘한 차이를 감지할 수 있는 능력을 갖춘 선생님이다. 그래야 아이가 배움을 일구는 과정에 적절한 도움을 줄 수 있다고 믿는다.

하나의 교육과정을 아이들에게 전하는 것보다 아이들 각자의 교육과정을 살피고 부족한 부분을 채울 수 있는 능력이야말로 평등한 수업 넘어 공정한 수업으로 나아가는 길이다.

수업에서 교사의 역할은 무엇인가. 스스로 배움을 일구는 수업, 안 알려 주는 수업을 하며 교사의 역할을 고민했다. 교육적 감식안을 갖고 진행하는 개별화 교육과정은 아이들이 수업 시간에 배움을 일구고 소외가 일어나지 않도록 돕는 공정한 수업이다. 교사는 한명, 한 명의 아이들이 빛을 잃지 않도록, 소외되지 않도록 공정한 수업을 기획하는 사람이어야 하지 않을까? 수업 PPT를 제작하며 교사 전문성을 찾던 내가 운양에 와서 얻은 두 번째 배움이다. 교사의 전문성은 작은 컴퓨터 안에 있지 않다. 아이들 눈에 보이는 PPT 안에 있지 않다. 아이들과 관계를 쌓고 배움과 소외를 고민하는 능력에 있다.

학교 안에서 공동체를 이루고 산다는 것

우리는 '교육가족'이란 말을 자주 쓴다. 대개 가정으로 보내는 가정통신문에 "땡땡 교육가족 여러분"이라는 말을 쓰곤 한다. 하지만 우리는 교육가족이라는 말을 쓰는 만큼 서로를 교육가족이라고 생각하고 있을까. 문득 교육가족이란 말이 의심스럽다. 가족이란 공동체다. 우리는 학교 안에서 공동체를 이루고 살고 있을까. 공동체를 이루고 산다는 것은 어떤 의미일까.

공동체라는 말이 주는 느낌은 따뜻하다. 공동체에서 함께 살아가는 구성원들에게 공격받는 모습을 떠올리기 힘들다. 기쁠 때 같이 웃고 슬플 때 위로와 지지를 건네는 모습이 떠오른다. 공동체는 소통과 믿음으로 인간 대 인간 즉, 본래 자아를 드러내고 살아가기 때문이다. 교사, 학생, 학부모라는 주어진 자아가 아닌 '나'라는 사람을 드러내고 사는 삶터가 바로 공동체다. 아직 많은 학교를 경험하지 못했지만 내가 경험한 운양은 공동체란 말이 참 잘 어울리는 학교다. 작은 학교 살리기 10년의 내공이자 지속 가능성의 비밀이다. 무슨 일이 있든 없든, 교직원과 학부모, 아이들이 모두 둘러앉아 수다를 떠는 운양의 문화는 신뢰를 쌓아 공동체를 만들었다. 회복적 생활교육에서는 이를 신뢰 서클(circle)이란 말로 표현한다. 어떠한 문제가 일어났을 때 둥그렇게 둘러앉아 이야기를 나누고 함께 고민한다. 따뜻한 화롯불 주위에 둘러앉아 이야기를 나누던 북미 인디언의 대화 방식에서 유래한 방법이다.

한 사람씩 돌아가며 자신의 의견을 말하는 서클은 교육공동체 구성원이 평화롭고 안전한 관계를 맺는 것에서 시작된다. 교육의 모든 순간에 관계가 있고, 관계의 시작에는 둘러앉기가 있다. 둘러앉기 전에는 '굳이 둘러앉아서 이야기를 해야 하나' 싶었다. 둘러앉아 이야기하는 과정도 쉽지 않다. 하지만 이야기를 나누고 헤어질 때는 가슴에 있던 응어리가 사라진 기분이다. 사람은 말을 하고 살아야 한다. 특히 하고 싶은 말을 하지 못하면 아이도, 선생님도, 학부모도 가슴에 딱딱한 무언가가 남는다.

　운양은 격주마다 학생 다모임, 한 달에 한 번 교직원 다모임과 학부모 다모임을 열어 수다를 떤다. 그뿐이랴 매주 2회 이상 전문적학습공동체인 수업 수다로 만나고, 학부모들은 한 달에 한 번 담임교사와 반 모임으로 만난다. 정례적으로 열리는 수다방(?) 말고도 수시로 수다방이 열린다. 누군가는 이를 학교 자치, 학교 민주주의의 뿌리이자 토대라고 거창히 말할지도 모르겠다. 하지만 운양은 그보다 함께 말하고 싶어서, 같이 고민해야 살 수 있을 것 같아 장을 만들었다. 교육은 관계의 학문이다는 말을 믿고 모여서 떠든다. 웃음도 눈물도, 즐거움도 슬픔도 관계 속 소통으로 만들고 극복해 나아간다.

우리말에는 '머리를 맞대다'라는 표현이 있다. 어떤 일을 의논하거나 결정하기 위하여 서로 마주 대하는 과정이다. 북미 인디언들이 둥그렇게 둘러앉는 것과 같다. 1학년 아이들이 함께 문제를 해결하다 벽에 부딪히면 나는 빼먹지 않고 말한다.

"어렵지? 머리를 맞대고 함께 고민해 봐."

내 말을 들은 1학년 아이들은 정말 머리를 맞댄다. 그 모습이 퍽 귀여운데 아이들이 너무 진지해 웃을 수 없다. 해결해야 할 문제를 가운데에 놓고 서로의 입 냄새가 느껴질 정도로 머리를 맞대고 고민한다. 그러다 보면 정말 문제가 해결될 때가 많다. 어쩌면 머리를 맞대는 게, 둘러앉아 이야기 나누는 게 운양 교육공동체의 뿌리일지도 모르겠다. 마을에서 교사, 학부모, 학생들이 함께 고민하고 만드는 작은 학교 운양이 아름다운 이유이자 내가 운양과 사랑에 빠진 결정적인 이유다.

함께 만드는 학교는 한 가지 말로 정의하기 어렵다. 한 사람이 정의 내리기도 어렵다. 매 순간 모이는 구성원들이 머리를 맞대고 고민하기에 시간이 흐르면 그 색깔이 바뀔 수도 있다. 느슨한 공동체를 이루고 살아가는 운양은 겉보기에 정체를 알 수 없지만, 우리는 서로에게 영감을 받고 함께 창조하며 살아간다. 오늘이 행복한 어린이를 지향하는 운양은 아이들뿐만 아니라 어른들도 오늘이 행복하기를 바란다. 나는 이곳에서 아이들과 마주하는 순간, 학부모와 이야기 나누는 순간, 선생님들과 함께 고민하는 그 순간들에 집중한다. 미래를 걱정하며 현재를 담보 잡혀 살았던 내가 운양에서 얻은 세 번째 배움이다. 오늘, 지금 내가 마주하는 사람들에게 집중하는 삶이다. 공동체와 함께 살아가는 삶이다.

작은 학교가 살아가는 모습이 모두 같을 수는 없다. 서로 다른 아이들어 각자의 빛깔로 살아가야 하는 것처럼 작은 학교도 그래야 한다. 운양초등학교는 강릉 시내와 물리적 거리가 멀지 않다. 공동학구로 원학구 학생을 넘어 더 많은 학생들이 등교할 수 있다. 폐교 직전의 학교를 살리기 위해 교직원과 학부모가 합심해 학교가 있는 하평리에 들어와 살고 아이들을 입학시켰다. 이뿐이랴, 교직원과 학부모 동력에 기대어 혁신학교가 되었다. 10년의 세월 동안 작은 사건과 순간들이 모이고 얽혀 지금의 운양이 되었다. 작은 학교의 한 사례는 될 수 있지만, 일반화할 수 있는 사례는 아니다. 내가 쓴 글도 마찬가지다. 내 경험이지 운양 교육공동체 모두의 경험이 될 수는 없다. 그저 누군가에게 좋은 영감이 되면 충분하다.

강원도는 전라남도처럼 지방 도시와 농어촌의 미래가 불투명하다. 가까운 미래에 너무 작은 학교는 아름답지 않을 수 있다. 지방 거점 도시, 압축 도시라는 미래 한국 사회의 새로운 패러다임처럼 작은 학교 그 이상, 더욱 다양한 학교가 나와야 한다. 운양초등학교도 작은 학교 살리기를 넘어 새로운 역할을 해야 할지도 모르겠다. 어떤 미래가 펼쳐질지 잘 모르겠다. 하지만 지금까지 그래 왔던 것처럼 교직원과 학부모, 아이들 그리고 마을과 함께 고민하면 희망이 보이지 않을까. 나와 얼굴 맞대고 살아가는 공동체 사람들을 믿고 조금씩 나아가 본다.

작아서
'통'하는 학교

집 앞에 강원행복더하기학교가 있다니!

대도시 생활을 접고 강릉으로 이주해 온 지 이제 만으로 7년이
넘었다. 요즘엔 강릉 이주민들을 주변에서 심심찮게 찾아볼 수 있지
만, 그 당시만 해도 타의 아닌 자의로 서울살이를 버리고 강릉의 면
단위로 들어와 산다는 것은 제법 주목받을 만한 일이었다. 2014년
당시 다섯 살, 두 살이었던 꼬맹이 둘을 데리고 시골살이를 감행했
던 우리 가족에게 쏟아지는 시선은 꽤 다양했다.

"와~ 부럽다."

"나도 전원생활 하고 싶다."

"(서울 아파트를 팔았으니) 강릉에선 여유롭게 살 수 있겠네."

"그런데 아이들 교육은 어떻게 할 거야?"

"아이들 생각하면 서울에서 계속 사는 게 낫지 않겠어?"

그땐 왜 이런 만류가 들리지 않았을까. 오로지 시골로, 자연으로 가고 싶다, 아니 가야겠다는 생각에 그저 푹 빠져 있었던 것 같다. 아이들이 어리니까 오히려 지금, 당장 가야겠다는 생각뿐이었다. 대도시에서 아이들 학원 뺑뺑이 돌리며 살지는 말아야겠다는 생각에 수년간 정들었던 이웃 주민들과의 아쉬움을 뒤로한 채 최대한 빨리, 귀촌을 서둘렀다.

강릉에 정착할 때만 해도 작은 학교, 혁신학교, 대안학교 등에 대한 개념을 정확히 알진 못했다. 그저 한 반에 아이들이 열 명 정도 되

는 '소규모 학교'면 좋겠다는 막연한 생각뿐이었다. 그러다 시간이 흘러 큰아이가 학교에 갈 나이가 되었고, '어떤 학교가 아이들을 위한 학교인가'에 대해 끊임없이 고민하게 되었다. 변화와 혁신을 추구하는 교육의 흐름에 마음을 빼앗기고 그와 관련된 책들을 꼬리에 꼬리를 물며 찾아 읽었다. 소규모 학교면 충분했던 나의 욕구는 '주입식 교육보다 토론과 프로젝트식 수업이 진행되었으면 좋겠다, 아이들이 충분히 놀 수 있는 학교면 좋겠다, 아이들이 존중받고 학교의 주인이 되는 그런 학교면 좋겠다.'와 같은 내용으로 구체화되기 시작했다. 하지만 강릉에 이런 교육을 추구하는 학교가 있긴 한 걸까?

강릉으로 온 이후 2년 정도 주변 학교에 대한 정보를 모았다. 그런데 우연히, 집에서 비교적 가까운 곳에 강원행복더하기학교(강원도형 혁신학교)이자 작은학교교육연대 회원 학교인 운양초등학교가 있다는 사실을 알아냈다! 강릉의 그 많고 많은 땅 중에 하필(?) 운양초와 그리 멀리 떨어지지 않은 곳에 땅을 사서 집을 짓고 살고 있었다니⋯. 강릉 이주민인 나에게 '운양초를 어떻게 알고 찾아왔느냐'는 주변인들의 질문은 지금도 여전하지만, 그 내막에 극적인 요소가 없어 살짝 민망하긴 하다. 하지만 인생이란 것이 어디, 계획한 대로만 착착 흘러가던가. 운양의 학부모들에게 운양초등학교는 인생의 수많은 우연들 중의 하나였을 테지만, 그 우연을 '지속적이고 의미 있는 기회'로 만들어 가고 있다는 것으로, 나는 운양초를 찾아온 나만의 당위성을 설파하고 있는 중이다.

아이들은 놀아야 하니까 – 운양 놀이터 모임

큰아이가 운양에 입학한 후, 약간 들뜨고 흥분된(?) 상태로 몇 달을 보냈다. 학부모 노릇도 처음인 데다, 혁신학교 학부모로 살아가는 것에 대한 기대감 또한 컸기 때문인 것 같았다. 1학년 학부모들을 만나는 것은 조금 긴장되지만, 설레고 은근 기다려지는 일이었다. 그러다 보니 하교 시간에 아이를 데려가기 위해 학교를 찾아갔다가도 반가운 1학년 학부모들을 만나면 아이들을 데리고 바로 집으로 가지 않고 학교 운동장을 서성(?)대는 일이 잦아지게 되었다. 그렇게, 아이들을 놀이터에서 놀게 하고 그 시간에 부모들은 즉석으로 만나 아이들의 학교생활에 대한 이야기를 나눌 수 있는 자리가 자연스럽게 만들어졌다. 그때 나를 포함한 1학년 학부모 세 명은 이런 분위기를 자연스레 이어 아이들의 건강한 관계 맺기에 도움을 주고자 '운양 놀이터 모임'을 만들기로 결의(!)했다. 놀이터 모임을 계기로 하교 후에도 아이들은 놀이터에서 실컷 놀고 집으로 돌아가는 학교 문화가 만들어졌고, 그 흐름은 5년째 이어져 오고 있다.

2020년 코로나 발발 직후 전국 대부분의 학교들은 교문을 굳게 닫았다. 시간이 흐르고 지역적으로 부분적인 등교를 하게 되었지만, 이번엔 등교한 아이들을 학교에 가두어(?) 두고 외부와의 접촉을 통제하는 형태로 학교가 운영되었다. 학교 담장이 없는 운양초도 아이들의 놀이를 지켜보고자 학교를 찾아오는 학부모들을 응대하기가 쉽지 않았을 것이다. 하지만 '놀이터에서 마스크를 잘 쓰고, 음식을 풀어 놓지만 않으면 된다'는 학교 측의 요구에 학부모들은 적극 협조하였고, 덕분에 운양의 아이들은 코로나 시국에도 어둑어둑 해가 넘어갈 때까지 놀이터에서 놀다가 집으로 돌아간다.

운양에서 놀이터 모임이 활성화되고 있다는 이야기는 학부모들이 아이들의 사회적 관계 쌓기에 많은 공을 들인다는 뜻이다. 그리고 놀이터를 지키는 학부모들에게는 내 아이만이 아닌 '운양의 아이들'을 더불어 돌보는 '놀이터 이모'의 개념이 적용되고 있는데, 이것은 '함께 놀고 함께 배우는' 운양의 교육철학에도 가닿는다. 운양의 학부모들은 전반적으로 사교육에 대한 신뢰와 의존이 그리 크지 않은 사람들이다. 그래서 '아이들은 최대한 많이 놀아 보아야 한다'는 가치가 학부모들 사이에서 어느 정도 공유되고 있다. 물론 이런 믿음은 하루아침에 만들어진 것은 아닐 것이다. 학교 놀이터를 찾아오는 학부모들이 아이들이 놀이터에서 자유롭게 어울리는 한두 시간 동안 아이들의 관계, 담임선생님들의 교육 내용, 각 반 아이들의 약속(규칙)에 대한 이야기들, 학교 환경 개선에 대한 여러 생각들을 몇 년 동안 허심탄회하게 공유해 온 덕분이다. 뿐만 아니라 1~6학년들이 놀이터에서 학년 구분 없이 자유롭게 어울리는 문화는 학부모들에게도 학년을 가리지 않고 만날 수 있게 도움을 주었고, 이러한 '무학년제 학부모 만남'의 자리는 자연스럽게 선배 학부모들이 가지고 있는 운양의 교육철학을 부담스럽지 않게, 편안한 방식으로 후배 학부모들에게 풀어내는 데 큰 역할을 해 오고 있다.

학교 교육과정 함께 만들기 – 2월

대부분의 학교는 새 학기가 시작되는 3월에 학부모 총회를 겸한 학교 교육과정 설명회[01]를 연다. 운양에도 3월에 학교 교육과정 설명회가 있지만, 실질적으로 이보다 더 중요한 의미를 가지는 행사가 있

---

01. 한 해 학교의 교육 운영 방향에 대한 설명을 듣고 구체적인 학사 일정 들을 살펴보는 시간

으니, 그건 바로 설명회 전에 이루어지는 '학교 교육과정 함께 만들기' 워크숍이다. 학교가, 교사가 교육과정을 전적으로 주도하여 결정 짓는 구조를 넘어, 학부모들을 그 과정에 참여시키는, 꽤나 번거로운 (?) 과정이라고 할 수 있다. 학부모들은 학교에서 정하고 통보하는 대로 따르는 양식에 익숙한 터라, 교육과정에 학부모들의 목소리를 담아내는 것 자체를 생소하게 여기시는 분들도 여전히 많다. 교육과정이라는 것이 그저 학교와 교사의 전유물로만 알았던 학부모들에겐 교육과정을 교사들과 함께 '만들어 갈 수 있다'는 사실을 받아들이는 데에 적지 않은 시간이 필요했던 것이다. 내가 1학년 학부모였을 때는 '교육과정을 교사와 함께 만드는' 과정의 의미를 깊이 알지 못했다. 그저 선생님과 학부모가 만나는 자리가 좋아서 쫓아갔을 뿐인데, 시간이 흘러 학부모 경력(?)이 조금씩 쌓이다 보니 함께 만드는 교육과정이 어떠한 의미와 가치를 지니는지 이제 좀 알 것 같다. 학교 교육과정을 '함께' 만들어야 한다는 의지는 학부모를 교육의 주체로 받아들이는 과정과 그 맥락을 같이하는 것이다. 교사와 학부모가 공유하는 지성의 힘은 운양의 교육철학을 이해하고 유지하는 데에 큰 몫을 담당해 왔다. 그래서 운양에서는 학교 교육과정 함께 만들기를 놓치지 않고 해마다 시행하고 있다.

학부모 다모임 - 3월, 12월

"학부모회가 주체가 되어 학부모 다모임[02](총회)을 개최하는 일이 쉬운 일은 아니다"라는 하소연을 종종 듣는다. 학부모회가 자발적으로 운영되지 못하다 보니 학부모회를 담당하는 교사에겐 학부모 다모임을 여는 것 자체가 또 하나의 부담스런 업무로 남게 되는건 뻔한 일이다.

운양 학부모회는 그 어려운(?) 학부모 다모임을 1년에 두 번이나치러 낸다. 우선 새 학기 3월에 하는 학부모 다모임은 다른 학교들과비슷하게 학교의 교육과정 설명회와 함께 진행된다. 다른 학교에서

---

02. 운양에서는 학부모 총회를 '학부모 다모임'이라고 한다.

는 교육과정 설명회가 끝나면 담임교사들을 만나러 가기 위해 행사장을 떠나는 학부모들이 많아서 학부모 다모임 참석율이 꽤 낮다던데, 운양에서는 교육과정 설명회가 끝났다고 해서 자리를 뜨는 학부모들은 별로 없다. 학부모 다모임이 끝난 후 전 학년 '반 모임'을 동시에 할 수 있도록 행사를 계획한 덕분이다. 운양의 학부모들은 조금은 형식적인 내용이라 할 수 있는 학교 교육과정 설명회는 빨리 끝내고 학부모 다모임이 그날 행사의 중심이 될 수 있기를 기대한다. 운양의 선배 학부모들이 새롭게 입학한 1학년 학부모들에게 책과 화분을 선물하며 그들을 반갑게 맞이하는 일, 그해 학부모회를 꾸려 나갈 임원과 각 학년 대표와 동아리 대표들을 소개하고 응원하는 일, 학부모회가 한 해 동안 진행할 사업들을 구성원들한테 승인받는 일⋯ 운양 학부모회는 이 모든 이야기들을 3월의 학부모 다모임에서 어떻게 재미있게 풀어낼 것인지 늘 고민한다.

한편 12월의 학부모 다모임은 한 해 동안 했던 학부모회 사업들을 보고하고, 이에 대한 전반적인 평가와 피드백을 받는 시간으로 채워진다. 3월의 학부모 다모임만큼 참석 인원이 많진 않아서 주로 신발 벗고 좌식으로 앉을 수 있는 도서관 같은 공간에서 오붓하게 진행하는 경우가 많다. 1년 동안 애쓴 학부모회 임원들과 각 학년 반 대표들의 수고에 감사를 표하는 자리도 만들고, 내년 학부모회를 이끌어 갈 임원들과 각 학년 대표들을 공식적으로 인준하는 시간도 갖는데, 이러한 과정은 다음 해 3월부터 바로 학부모회 활동을 할 수 있게 하기 위해서다. 3월이 되어서야 새로운 학부모회 임원을 선출하고 그해의 학부모 사업에 대해 고민하기 시작하는 기존의 관행은 학부모회 담당 교사에게도 큰 부담이 아닐 수 없다.

두 차례의 학부모 다모임을 통해 학부모회의 신구 임원진들이 자리를 함께한다는 것은 큰 의미가 있다. 왜냐하면 학부모회가 1년 동안 학부모 사업을 아무리 잘 진행했다 하더라도, 학부모회 임원들의 임기가 끝이 나고 학부모회장의 경우 아이가 졸업하면서 같이 학교를 떠나 버리게 되면, 새 학기가 시작되는 3월에 새롭게 인준된 임원들은 또다시 맨땅에 헤딩하듯이 학부모회 사업을 준비해야 하기 때문이다. 전임자와 후임자가 만나서 이야기를 나눌 시간을 정기적으로 갖는다는 것은, 학부모회 사업에 대한 전임자의 경험과 노하우, 그리고 학부모회 사업이 추구하는 철학적 방향을 전해 받는 것을 의미한다. 그래서 운양의 학부모들은 2012년 강원행복더하기학교로 지정되기 전부터 학부모회 임원을 구성해 내고 인수인계하는 과정에 적지 않은 시간과 에너지를 써 왔다. "1년 동안 학부모회를 이끌었던 학부모회장(6학년 학부모)이 임기를 마칠 무렵 차기 학부모회장에게 인수인계를 해야 하고, 그렇게 하지 못할 경우 아이의 졸업을 유예시키자"는 우스갯소리가 나올 만큼, 운양에서는 학부모회의 사업 내용과 철학의 인계 절차를 중요하게 여기고 있다. 그리고 이런 시간들이 쌓이면서 해가 거듭되어도 크게 변하지 않는 '운양의 독특한 학부모 문화'가 자리 잡게 되었다.

학부모회 사업은 주체적으로 – 학부모회 대의원회

운양 학부모회는 매달 첫째 주, 학부모회 회장·부회장·총무·각 반 대표로 구성된 대의원회를 꾸준히 운영해 오고 있다.[03] 학부모 담당 교사가 동석하여, 각 반에서 나온 학부모들의 의견이나 제안 들을 함께 나누고, 그 달의 학부모회 사업에 대한 구체적인 계획과 방법을 논의한다. 학교에서 일어나는 모든 사안에 대해서 개별 학부모들의 의견을 직접 들어 보는 것이 가장 좋긴 하지만, 매번 전체 학부모들의 의견을 수렴해 내는 것 또한 쉬운 일은 아니기에, 각 학년(반) 대표를 통해 학부모들의 생각들을 전달받아서 정리하고 있다.

한편 대의원회 회의에 학부모 담당 교사가 함께한다는 것은 큰 의미가 있다고 볼 수 있다. 학부모들끼리 실컷 논의해서 내린 결론을 학교에 전달했을 때 학교의 반응이 부정적이라 난감했던 적이 많았다는 주변의 사례들을 종종 들었기 때문이다. 회의의 과정에 교사가 함께하게 되면, 논의의 결과에 대해 왈가왈부할 필요가 없게 된다. 학부모회 임원들과 각 반 대표들이 모인 자리에서, 교사회에서 논의된 교육과정과 그 안에 담긴 교육적 철학이 충분히 공유되고 그 내용이 각 반의 학부모들에게도 전달이 되는 시스템, 운양의 오래된 학부모회 문화이기도 하다.

---

03. 운양에서는 대의원회에 해당되는 조직체를 집행부라고 말해 왔다. 2021년 학부모회 규정 제정을 통해 대의원회라고 이름을 바꿀 예정이다.

선생님과 학부모가 한 달에 한 번씩 만난다구요? – 반 모임

운양초는 전교생이 70명 남짓한 작은 학교로, 학년마다 한 학급으로 구성되어 있다. 그래서 반 모임이 곧 학년 모임이 된다. 강원행복더하기학교로 지정되기 이전인 2011년부터 담임교사와 학부모들이 월 1회씩 만나는 반 모임이 시작되었고, 그 문화는 2021년 현재까지 한 해도 거르지 않고 꾸준히 이어지고 있다.

운양을 처음 찾아오시는 선생님들은 운양의 반 모임 문화에 제법 부담을 느끼시곤 한다. 그간 '내 아이'만 바라보고 철저히 교육의 수요자로 군림해 온 학부모 집단의 그 피곤함(!)을 경험해 보셨기 때문일 것이다. 오죽하면 교사들에게 '학부모는 되도록 만나지 않고 소통하지 않을수록 좋은 존재'로 여겨지고 있을까. 게다가 운양에서는 맞벌이 가정을 배려하여 주로 저녁 시간(19시~21시)에 반 모임을 하는데, 근무 외 시간에 다른 사람도 아닌 학부모들을 만난다는 것은 선생님들께 보통 피곤한 일이 아닐 것 같다는 생각도 든다.

하지만 '내 아이'가 아닌 '우리의 아이들'을 위한 교육을 고민하는 학부모들의 모습을 통해, 학부모와의 만남을 힘들어하신 선생님들도 조금씩 마음을 열어 주셨다. 아이들에게 열정을 쏟는 교사에게 감사함을 느끼고 아이들이 행복한 학교를 만들기 위해 학교에 적극 협조하는, 그런 학부모들의 모습을 꾸준히 지켜보신 선생님들은 그동안 여러 학부모들에게 받았던 상처들을 조금씩 회복하고 운양의 학부모와 '함께 가도 괜찮겠다'는 믿음을 조심스럽게 쌓아 가고 계신다.

한편 운양의 반 모임은 크게 두 가지 내용으로 구성되는데, 하나는 운양 학부모회가 추진하고 있는 '그 달의 학부모 사업'에 관한 것이고, 다른 하나는 아이들의 학교생활에 대한 '담임선생님과의 대화마당'이 그것이다. 우선 학부모 대의원회에서 논의된 내용들을 반 대표가 풀어내고 그것에 대한 의견, 제안, 피드백 들을 모은다. 학부모회 사업이 많았을 때에는 반 모임에서도 사업과 관련되어 나눌 이야기가 많았는데, 코로나 시국이라 학부모회 행사들이 반토막이 난 상태다 보니 반 모임에서 학부모회 사업과 관련된 이야기를 나눌 시간이 크게 줄었다. 일례로, 학부모회 주 사업으로 매년 중점적으로 시행해 왔던 '논농사 프로젝트: 손모심기(5월), 벼 베기(10월)'가 있는데,

2020년부터 대규모 집합 행사가 금지되다 보니 100명이 넘게 참여해 왔던 운양 교육공동체(교사+학생+학부모)의 손모심기가 이앙기로, 낫으로 벼 베기가 콤바인으로 대체되었다. 2020~2021년에 자녀를 입학시킨 가족들은 운양의 논농사 체험을 아직 제대로 해 본 적이 없다. 2년간 논농사에 대한 논의가 학부모회를 통해 이루어진 적이 없으니 운양의 논농사 프로젝트가 교사들이 모두 준비해서 하는 것으로 알고 있는 학부모들도 있다. 어쨌든 단계적 일상 회복(위드 코로나) 정책에 힘입어 2022년부터는 함께하는 논농사 체험도 할 수 있으리라 본다.

한편, 꾸준하고 정기적인 반 모임을 통해 학부모들은 자신의 자녀가 친구들이나 선생님과 맺고 있는 관계의 모습을 직간접적으로 엿볼 수 있다. 요즘 아이들의 놀이에는 어떤 양상이 나타나는지, 특수한 관계에 놓인 친구들은 어떻게 지내고 있는지, 관계 맺기를 어려워하는 친구들에게 교사가 어떤 도움을 주고 있는지, 요즘은 아이들이 어떤 배움 활동을 이어 나가고 있는지… 선생님과 다른 학부모들과 허심탄회하게 이야기 나누면서 이 모든 궁금증이 어느 정도 해소될 수 있다.

학급에서 일어나는 수많은 일에 대해 학부모들이 서로 오해 없이 소통할 수 있는 창구가 있다는 것은, 학부모=민원인으로 바라보는 세간의 공식을 깨는 데에 큰 도움이 된다. 학교 안에서 해결되지 못하는 갈등과 불편함은 반드시 학교 밖으로 새어 나오기 마련이다.

학부모들은 '교육의 소비자' 입장에서 학교와 교사를 바라봐선 안 된다. '우리 아이들'이 어떻게 하면 더 나은 환경에서 배움 활동을 이어 갈 수 있는지에 집중하고, 그와 관련하여 최대한 학교와 '협력'하여야 한다. 학부모가 학교와 교사에 대해 발전적인 비판은 할 수 있지만, '내 아이'의 욕구를 충족시키기 위해 학교와 교사를 비난하는 일은 결코 학교 발전에 도움이 되지 못한다는 사실을 인지하자.

운양 학부모들의 사유의 시간 – 학부모 사랑방

담임교사와 학부모들이 만나 직접 소통할 수 있는 자리가 반 모임이라면, 학부모 사랑방은 어떤 주제를 가지고 운양의 선후배 학부모들을 한자리에 모이게 하는 행사라고 볼 수 있다. 이곳에서는 반 모임에 비해 공적이고 사회적인 목적을 지닌 논의와 토론이 주로 이루어진다. '학부모 성교육, 스마트폰 중독 예방, 학교 자치를 위한 학부모의 역할, 놀이터와 놀이의 본질, 운양 학부모 공동체 약속 재정비, 마을이 학교다, 모두를 위한 교육'과 같은 이야기를 나누며 운양이 추구하고 있거나 추구하고자 하는 학교상, 생활상, 인간상에 집중하여 학부모들 간의 공감대를 만들어 가고 있다. 훌륭한 강사분을 섭외하여 강연을 듣기도 하고, 관련 도서를 읽고 학부모들끼리 자유롭게 토론을 하기도 하는데, 수년째 지속되고 있는 학부모 사랑방 운

영에 대한 학부모들의 만족도는 비교적 높게 나타나고 있다.

자녀를 학교에 보내다 보면 우리 아이와 같은 학년이 아닌 다른 학년의 학부모들을 만날 수 있는 기회가 많지 않은데, 운양은 작은 학교라는 특성을 적극 활용, 학년 간 학부모들의 소통을 위해 학부모 사랑방을 자주 열어 보려 애를 쓰고 있다. 코로나로 인해 많은 학부모 사업들이 중단되기 전까진 한 학기에 두 번씩, 1년에 네 번 정도 운양의 전체 학부모가 한자리에 모이는 학부모 사랑방이 유지되어 왔다. 하지만 지난 2년간 학부모 사랑방은 학년별로 희망 도서를 선정해서 함께 읽는 독서 토론, 온라인으로 학부모 성교육 강연을 듣는 것에 그쳤다. 온라인으로라도 더 자주 학부모들과 만나는 자리를 만들었어야 했는데 '부모 노릇이 처음'이라는 말처럼 온라인 만남도 우리에겐 꽤나 생소하고 부담스러운 방법이었던 터라, 더 적극적으로 대안을 고민하지 못했던 면도 있다.

어쨌든 근 2년간 줄기차게 강요받았던 '사회적 거리두기'는 학부모들 간의 '심적 거리두기'로 이어져 온 것은 아닌지 사뭇 걱정도 되지만, 그동안 강제 침체기를 맞았던 학부모회도 2022년 위드 코로나 시대를 맞아 슬슬 기지개를 켜야 할 때가 왔다고 본다. 10여 년간 운양 학부모회가 만들어 낸 성과를 업고, 한 걸음 더 진보하며 성장하는 '미래형 학부모회'를 기대하면서…

'오덕이네 자갈자갈'

옥동중학교 교사 **최윤하**

물어봐야지~~

공근중학교는 횡성읍에서 10분쯤 떨어져 있으며 특수학급을 포
함해 네 학급에 전교생 60여 명이 있는 작은 학교이다. 보통 군 지역
에서 처음 전입해 오면 으레 가장 큰 학교가 있는 읍내 학교에 꽂히
므로 나는 당연히 횡성중에 발령을 받고 1년을 근무했다. 그런데 그
당시 원주와 횡성을 합쳐 가장 선호하는 학교라고 소문난 공근중에
는 어느 누구도 내신을 내지 않았다는 것이다. 그 이유는 단지 행복
더하기학교라는 이유였다. 강원행복더하기학교가 시작된 지 2년 차
였으므로 당연히 행복더하기학교가 무엇인지도 모르던 나는 그냥

겁도 없이 내신을 냈고 발령이 났다. 물론 내심으로는 아직 젊은데 못 할 것 없지, 새로운 거면 배워 가며 남들 따라 하면 되겠지 뭐, 하는 단순한 생각이었다. 그런데 막상 발령을 받고 학교에 인사를 하러 갔더니 벌써 업무 분장을 다해 놓고 새로 온 두 사람 업무만 달랑 남겨 놓고 둘 중 하나를 고르라는데, 5분 전에 먼저 오신 선생님이 업무를 골라 놓고 갔다는 것이다. 나에게는 선택의 여지도 없이 행복더하기 업무가 주어졌다. 어느덧 10년이 지난 이야기이지만 그때는 학교가 그랬다. 기존에 있던 교사들이 자기 업무들을 다 정해 놓고 새로 온 교사들에게 선택권도 없이 그저 떠맡기는, 그래서 기피하는 업무들을 새로 온 사람들에게 떠넘기는 것이 관행이었다. 함께 협의하고 조정하고 그런 것은 먼 나라 이야기였다. 하지만 지금은 정말 많이 변했다.

2월에 하는 교육과정 함께 만들기 기간에 기존의 교사들과 새로 온 교사들이 함께 머리를 맞대고 업무 분장표를 같이 보면서 어떻게든 업무를 공정하게 나눠 보는 작업을 먼저 한다. 담당자란은 물론 빈칸으로 남겨 놓고 최대한 조정을 하고 서로 하고 싶은 업무를 적어서 제출하도록 한다. 그런데 대부분 업무 조정을 하면서 서로 협의하다 보면 작은 학교라서 겸임 가야 하는 교사들도 많고 시수도 많이 달라 자연스럽게 그 자리에서 결정되는 경우가 많고 담당자가 정해지면 다시 업무를 서로 주고받고 조정하는 일이 생기게 된다. 담임교사보다 비담임 교사들이 업무를 더 많이 가져가면서 업무 전담팀이 자연스럽게 생기게 되는 것이다. 이렇게 한다고 해서 완전히 불평불만이 사라지는 것은 아니다. 하지만 그냥 주어지는 것이 아니라 협의를 거쳤기 때문에 아무래도 뒤에서 험담을 한다거나 불평을 쏟아 내는 경우는 많지 않다.

공근중에서 가장 자랑할 만한 것이 바로 민주적인 회의 문화이다. 단순히 전달이 필요한 내용은 모두 메신저를 이용하여 전달하고, 반드시 협의해야 할 내용은 회의 시간을 따로 마련하여 길든, 짧든 관련 구성원들과 함께 협의하여 결정한다. 처음 발령받아 온 선생님들은 이런 학교 문화를 이해하지 못하고 무슨 회의를 이렇게 자주 하냐고, 일일이 물어보고 결정해야 하느냐고 불평불만을 털어놓곤 했는데, 이제는 당연히 '물어봐야지~~'가 입에 붙었다. 교무실에서, 도서실에서, 특수반 교실에서, 상담실에서, 학교 규모가 작아서 회의할 전용 공간이 부족하여 여기저기 옮겨 다니면서 회의하던 모습들이 주마등처럼 지나간다. 심각한 얘기를 하면서도 서로를 바라보며 웃으면서 유머를 주고받을 때도 많았는데, 그 이유는 회의를 하면서 서로 편하게 들어 주는 관계가 만들어져서 하고 싶은 말들을 다 쏟아 냈기 때문이고, 작은 학교라 가능한 것이다.

함께한다는 것

공근중에서는 교육과정 함께 만들기를 2013년부터 시작했다. 뭐부터 해야 할지 몰라 우왕좌왕하기도 했지만, 가장 먼저 한 일들은 지난해에 우리를 불편하게 했던 점들이 무엇인지 교육과정 평가회를 통해 돌아보고 그 결과를 반영하여 새로운 계획을 짜 연계성을 갖도록 하였다. 예를 들어 지난해에는 일찍 등교하는 아이들을 위해 도서실에서 강제로 독서 시간을 갖게 하면서 선생님들도 순번을 정해 일찍 오게 했고, 오후 6시까지 아이들을 남겨서 자율학습을 하게 하면서 학생들도, 교사들도 힘들고 불편했던 일들이 있었다. 그 일들을 돌아보고 일과 시간표를 다시 조정했으며, 운영했던 교육과정의 시기나 내용이 적절하지 못했다면 합리적인 개선 방안을 논의하여 시기를 조정하고 내용도 바꾸었다. 인성교육 프로그램인 '오덕 가족'과 '사랑의 온돌방'이 이름도 헷갈리고 내용이 중복되면서도 부서를 따로 두었던 걸 오덕 가족이라는 이름으로 합쳐서 같이 운영하는 방향으로 개선했다.

또한 교육과정을 운영하기 위한 철학을 공유하기 위해 철학 만들기를 통해 각자가 생각하는 가치관을 적도록 하여 '자존감, 배려, 협동, 꿈, 창의'라는 5가지 덕목을 뽑아내 공근면이 농촌 지역이라 자존감이 낮은 아이들이 많다고 생각되어 1학년에서는 자존감 향상을 위한 교육과정, 2학년에서는 남을 배려하고 서로 돕는 협동심을

기르게 하는 교육과정, 그리고 3학년에서는 자신의 꿈을 갖고 창의
적인 활동을 할 수 있는 교육과정을 운영하자는 목표를 세웠다. 그리
하여 각 덕목에 적합한 교육과정을 재구성하여 1학년에서는 자존
감을 주제로 국어, 사회, 미술 교과가 주제통합 프로젝트 수업을 디
자인하여 사회과에서는 영화 〈굿 윌 헌팅〉과 도서 《인성 영화로 배
우다》, 《자존감 수업》을 함께 보고, 읽고 나서 국어과와 협력하여 자
존감을 향상시킬 수 있는 매체를 만들어 발표하는 시간을 가졌다.
모둠별로 'ucc 만들기', '뮤직 비디오 만들기', '노가바(노래 가사 바꾸
기)', '역할극'으로 발표하고, 미술 시간에는 캘리그라피를 배워서 자
기에게 힘을 주는 문구를 멋들어지게 써서 전시하는 시간을 가졌다.
특히 이 수업에서 뿌듯했던 점은 모둠 구성에서 소외되었던 친구들
이 역할극 모둠이 되어 아무것도 못 할 것 같았는데, 역할극 연습을
하면서 잠재된 끼를 발휘하면서 실전에서 너무나도 생생한 연기를

교육과정 함께 만들기

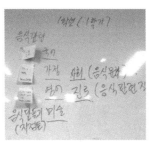
주제통합 프로젝트 수업 디자인하기

주제통합 프로젝트 수업
주제 분류 작업

168

보여 주어 학생들과 교사들로부터 칭찬 세례를 받고 자존감이 쑤욱 올라간 모습을 보여 준 것이다. 이런 수업을 하면 학생들뿐만 아니라 교사들도 함께 성장한다. 그래서 더 기쁘고 즐겁다. 과정이 힘들어도 성장의 기쁨을 맛보면 그동안 힘들었던 것은 모두 다 잊어버리게 된다. 그리고 이 모든 것은 함께하기 때문에 가능한 것이고 계속할 수 있는 것이다.

너희가 주인이야

한국통신이 기업 혁신을 위해 대표 로고를 정할 때 전신, 전화국의 '여보세요'를 뜻하는 'hello'를 뒤집어서 만든 말이 'olleh'라고 한다. 가끔은 뻔하다 생각한 것들을 뒤집어서 생각하면 또 다른 관점이 생긴다. 학교 혁신이 거창한 말처럼 보이지만 우리가 관점을 바꿔서 생각하면 그 의미가 쉽게 다가온다. 수동적이며 일방적이던 학교 문화를 능동적이며 서로 소통하는 것으로 바꾸고, 교사 중심이었던 수업을 학생 중심으로 바꿔 생각한다면 훨씬 이해하기 쉽다. 학교 자치의 중요한 한 축인 학생 자치를 위해서는 학생 자치 활성화가 기본 전제가 되어야 한다. 그래서 작년에는 교육과정 함께 만들기를 하면서 가장 중점에 두었던 것이 학생자치회에 힘을 실어 주자는 것이었다. 그래서 가장 먼저 한 것이 학생들이 모일 수 있는 시간과 장소와 예산을 책정하는 것이었다. 교원학습공동체 시간을 매달 두 번씩 정한 것처럼 학생자치회 시간도 정기적으로 매달 두 번씩 하도록 정했다. 그리고 학생자치회 임원들에게 회의를 맡기고 자유롭게 의견을 나누도록 했으며, 무슨 이야기든 학생회에서 나온 의견을 존중해 주고, 건의 사항은 일일이 답변을 달아서 게시판에 공고하였다. 학생자치회 회의록도 꼬박꼬박 쓰게 했다. 그리고 교사들에게도 교육과정을 운영할 때 학생회의 도움이 필요하면 언제든지 함께 논의하여 결정하고, 함께 운영하도록 안내하였다. 그러자 처음에는 낯설어하고 주저하던 학생회장도 임원들과 서로 소통하여 적극적으로 교육과정에 함께하기 시작했다. 생활 규정 정하기부터 시작하여 학생들과 밀접한 관련이 있는 캠페인 활동들, 특히 흡연 예방 교육이나 음주 예방 교육, 학교폭력 예방 교육이 필요할 때 학생회 아이들이 기획하여 아침 등교 시간과 관련해 퀴즈 문제를 풀게 한다거나, 전교생 배구 대회를 운영하였고, 세월호 7주기 추도 행사, 사제동행 체육대회, 생활복 선정, 학급 반 티 정하기, 등교 백일 기념행사(백일 떡 나눠 먹기), 농업인의 날 홍보 겸 가래떡 데이 행사, 학교 축제인 전나무 축제, 학생자치회 선거 같은 많은 학교행사를 학생자치회가 책임지고 운영하게 되었다. 이때 교사들은 다만 조금의 조언과 팁을 제공할 뿐이다. 그러면서 1년 동안 학생회장과 학생회 임원들의 역량은 폭발적으로 증가했다. 교사들은 둘러앉으면 학생들의 성장 모습에 놀라워하는 뒷담(?)을 수시로 하고 있다. 이제는 자신들의 의견을 묻지 않으면 왜 자기들의 의사를 묻지 않느냐고 되묻는 경우도 많다. 이제는 제법 주인 행세를 하고 있다.

이제는 전통이 되어 가는 갑자기 비가 오는 날을 대비한 양심 우산 빌려주기와 양심 실내화 제도는 처음에는 교사들이 담당하다가 학생자치회로 넘어갔고, 분실되는 경우가 많아 대여 장부를 만들고, 관리가 제대로 되지 않자 따로 담당자를 두어 관리하면서 아주 인기가 좋은 제도로 자리 잡았다. 비 오는 날은 문전성시를 이룬다. 알록달록 예쁜 실내화도 인기가 좋다. 교사들도 가끔 이용한다.

자율 동아리인 체인지메이커 동아리도 조직되어 우리 주변의 작은 문제점들을 찾아 해결해 나가는 활동을 하고 있다. 보건실 꾸미기, 자원 절약을 위한 중고 장터를 열어 물건을 기부 받아 판매한 수익금 전액을 면사무소의 도움을 받아 공근면 지역의 독거노인 생활필수품 사 드리기 활동을 하였다. 코로나로 인해 활동이 위축되었지만 꾸준히 이어 갔으면 좋겠다.

책 읽는 학교

공근중은 '책 읽는 학교'라는 특색 교육과정을 전통으로 살리고 있다. 모든 교과와 연계해 독서 지도를 하고 수업도 공개하고 있으며, 오덕도서관과 연계해 다양한 독서 행사와 한글날 기념행사를 하고 있다. 교과 시간 내 독서 시간 확보, 독서부 운영, 독서 시간과 국어 시간을 활용해서 쓴 다양한 종류의 주제별, 개인별 글 전시회를 열고, 자유학년제 주제 선택 활동으로 독서 활동(북클북클)을 실시하고 있다. 전 학년에서 한 학기 한 권 읽기를 하고 있으며 문학 체험 활동, 창작시 짓기, 시화전, 시툰 제작, 토론 캠프, 독후감, 주장하는 글 쓰기 같은 다양한 활동을 하고 있으며, 지역사회 기관과 학교 연계 독서 활성화 프로그램으로 '다독다독 독서 캠프', '와글와글 독서 토론', '작가와의 만남', '소설 쓰기' 들을 운영하고 있다. 특히 3학년 학생들은 자신들이 직접 쓴 소설로 책을 만들어 출판기념회를 하기도 했다. 국어 선생님과 작가님의 엄청난 인내와 지도로 이루어진 결과이지만 학생들에게는 평생 잊지 못할 추억거리가 될 것 같다. 4050 세대에게는 학교에서의 그런 추억이 과연 있을까?

2012년부터 현재까지 꾸준히 여러 개의 교과와 융합한 주제통합 프로젝트 수업을 매년 4회씩 진행해 왔으며 교과서 내용과 연계해 도서와 영화를 접목하여 진행하고, 체험학습과 연계한 프로젝트 수업을 한 뒤 공개수업으로 연결하여 학생들의 자료 제작 능력과 발표력 신장을 꾀하고 있다. 특히 인상 깊었던 활동으로는 특수학급 교사의 제안으로 원주의 청원학교를 방문하여 공근중 3학년 아이들과 청원학교 3학년 아이들이 멘토와 멘티가 되어 학습을 가르치고 배우는 수업을 하였는데, 청원학교에 봉사 활동을 하러 오는 학교들은 많이 있었지만 함께 수업을 진행하는 경우는 처음이었다고 한다.

그리고 2019년 3.1운동과 대한민국 임시정부 수립 100주년을 기념하는 해에는 역사, 미술, 국어, 기술·가정, 체육 교과가 함께 주제 통합 프로젝트 수업을 진행하였다. 4월 초에 세종문화회관에서 뮤지컬 〈영웅〉을 함께 관람하고, 5월 달 오덕 가족 문화 체험으로 횡성 시네마에서 유관순을 주인공으로 한 〈항거〉 영화를 보고, 《미스 손탁》을 모두 함께 읽었다. 3학년 학생들은 역사 시간에 모둠별로 근현대사를 공부하고 발표 수업을 진행하고, 미술 교과에서는 모둠별 포스터 그리기, 기·가 시간에는 근현대 복식의 역사, 체육은 창작 댄스, 국어는 안중근 자서전을 읽고 자신들의 자서전을 써 보는 시간을 갖고 외부 공개수업을 진행하였다. 참관한 다른 학교 선생님들로부터 기획부터 진행까지 과정에 대하여 많은 칭찬을 받았으며 아이들과 교사들이 함께 성장하는 모습을 보고 보람을 갖게 되었다.

오덕이가 누구야

오덕도서관, 오덕 가족이라는 단어를 많이 쓰는데 이 '오덕'이라는 말은 공근중학교 도서관 이름에서 유래했다. 아주 오래전에 도서관 이름으로 정했다는데 그 의미를 아는 사람이 아무도 없다. 그리하여 2015년 교육과정 함께 만들기 주간에 공근중학교의 철학으로 정한 다섯 가지 항목을 '오덕이'라고 부르기로 합의하였다. 오덕이

오덕 가족 결연식, 책거리   오덕이 배지   오덕 가족 체육대회

캐릭터 그리기 대회를 열어 공근중 마스코트 오덕이도 탄생하였고, 오덕이 스티커도 만들어 학생들과 교사, 학부모들에게 나누어 주는 책에 붙여 주고 있으며, 걸개그림을 만들어 복도에 전시하고 있고, 전문적학습공동체 명칭도 '오덕이네 자갈자갈'로 정하였다. '자갈자갈'의 의미는 여럿이 모여 나직한 목소리로 도란도란 이야기 하는 소리를 나타내는 순 우리말이다.

　매년 신입생들이 들어오면 오덕이가 무엇인지 설명해 주고 다섯 가지 덕목이 무엇인지 퀴즈 문제도 내고, 언제 어디서든 대답할 수 있도록 한다. 학교에 외부 손님이나 학부모님이 찾아오면 교장 선생님께 질문을 하는 경우가 종종 있는데, 그럴 때마다 대답해 주기가 쉽지 않다고 하셔서 올해 초 아예 중앙 현관에 안내 현판을 만들어서 붙였다. 귀여운 배지도 만들었다. 아이들은 배지 모습이 예쁘다고 교복, 가방, 소지품에 달고 다닌다. 나도 마스크에 늘 달고 다닌다. 오덕이, 왠지 세련되지는 않았지만 후덕하며 귀엽고 정이 느껴지지 않나요? 공근중의 오덕이, 많이 사랑해 주세요.

늘 하던 것도 조금 색다르게

　수학여행 이름도 '테마학습여행'이라 하고 교육과정과 연계하여 수업시수로 잡고 있으며, 과정 평가로 수행평가에 반영한다.

　체험학습을 진행하면서 미션 활동을 넣어서 개인별 미션 활동으로 각 과정에 따른 과제를 제시하고 인증 사진은 개인별 휴대전화의 카메라를 이용하되 모든 사진은 인물 식별이 가능하도록 하고, 감상평과 메모는 개인별 휴대전화의 메모장이나 애플리케이션, 혹은 수첩을 이용하도록 안내하여 그냥 따라 다니기만 하지 않도록 미리미리 안내하였다.

　과정 중에 특히 인상 깊었던 활동은 '책 읽는 학교'와 연계하여 아이들이 서점에서 직접 책을 고르게 하는 활동으로 '만 원의 행복' 프로그램을 만들고, 나누어 준 도서 상품권의 90% 이상(부족할 때 개인 용돈 사용 가능)을 사용하여 책을 사고 영수증은 조별 담당 선생님께 제출하며, 책과 사람을 알아볼 수 있도록 인증 사진을 찍게 하였다. 우리는 보통 아이들이 책 읽기를 싫어하고 책 사는 것도 싫어한다고 생각했는데, 아이들이 테마학습여행 중 가장 인상 깊었던 내용으로 서점에서 책 고르는 시간이었다는 감상평을 많이 얘기해서 놀라웠다.

모둠별 미션 활동으로는 모둠장을 중심으로 모둠원과 담당 선생님이 SNS 단체 대화방을 만들고, 모둠별 미션을 수행하면 단체 대화방에 자료를 업로드한다. 오후 3시까지 광화문 세종문화예술회관 앞에 도착하여 앎과 행의 미션을 수행하도록 하였다. 이 활동으로 아이들은 서울에서 지하철을 처음으로 혼자 탈 수 있게 되었으며, 친구들과 미션을 수행하면서 우정이 돈독해졌고, 이런 활동을 더 많이 하면 좋겠다는 의견을 냈다. 한국을 찾은 외국인과 인터뷰하는 동영상을 촬영하면서 용기가 생겼으며, 영어 공부를 더 열심히 해야겠다는 후기를 남기기도 하였다. 이런 모습들을 보면서 교사들이 교육과정을 어떻게 디자인하느냐가 참 중요하다는 생각을 하게 되었다. 체험학습도 이제는 아이들이 기획하도록 하고 교사들은 따라다니기만 하는 역할 바꾸기가 일반화되고 있는 세상이 되었다.

교원학습공동체 오덕이네 자갈자갈

매달 첫째 주 수요일은 '수다 날', 셋째 주 수요일은 '교원학습공동체의 날'을 운영한다. 수다 날은 관계 중심 생활교육과 교육과정 운영에 대한 자유 토론 시간으로 운영되고 교원학습공동체의 날은 수업혁신과 관련한 주제통합 수업 디자인 및 다양한 수업 방법에 대한 연구, 수업 방법 개선 및 교사의 전문성 신장 연수 및 독서 토론, 워크숍 들을 운영하고 있다. 수요일 오후에는 학교 일정을 잡지 않아 이런 활동들이 가능하다. 인근의 다른 작은 학교들은 방과 후 일정이 없는 학교가 거의 없어 전문적학습공동체를 운영하지 못하고 친목 형태의 동아리 활동이나 체육 활동을 주로 하면서 전문적학습공동체라는 이름을 붙이는 경우가 있다고 하는데, 공근중에서는 이 시간을 정말 교육 활동 전반에 대한 협의회 시간으로 잘 활용하고 있다. 생활교육이나 학교 교육과정과 관련된 모든 협의회가 이 시간에 열리고 있으며 학교 혁신과 관련한 전문 도서, 학생 이해 등을 비롯한 다양한 분야의 책을 소개하고 독서 토론 동아리를 통해 같이 읽고 토론하고 교과에 적용할 수 있도록 하는 다양한 독서 활동을 지원하고 있다. 지역 내 교원학습공동체 확산을 위한 연수 거점 학교도 운영하고 있어 자유학년제 연수, 교사 역량 강화 연수, 인문학 연수 같은 다양한 주제의 연수를 지역 내 학교와 공동으로 운영하는 연수 거점형 학교를 운영하고 있다.

올해는 코로나뿐만 아니라 이상기후와 관련하여 기후위기를 직면하게 되면서 사회 전반적으로 환경에 대한 인식이 높아지고 있어 공개수업 주제도 환경 관련, 탄소 제로와 관련한 수업을 진행했다. 1차로 기술·가정, 체육, 영어, 보건 선생님이 친환경 중심을 지켜 주는 미래의 수송 기술과 외발자전거 타기, 안전사고 예방을 통한 건강 중심 지키기, 노가바 같은 친환경 관련 수업을 진행하였고, 2차로 국어, 미술, 수학, 과학, 사회 교과가 융합하여, 체험학습으로 횡성 관내에 있는 '숲체원'에서 실시하는 환경보호 프로그램에 참여하였고, 타일러 라쉬의 책인 《두 번째 지구는 없다》는 책을 모두 함께 읽고 저탄소를 실천할 수 있는 방안을 찾아보는 수업을 진행했다. 과학 시간에는 탄소 중립의 의미를 알아보고, 국어 시간에는 환경 관련 연설문을 직접 써 보고 발표하는 시간을 가졌고, 수학 시간에는 급식 식단의 선호도와 탄소와의 상관관계를 엑셀 프로그램을 이용하여 산출하는 수업을 진행했고, 미술 시간에는 환경을 보호하고 실천하는 내용의 포스터를 각자가 그려 보았으며, 사회 시간에는 책의 내용을 톺아보는 만다라트 활동지로 토론 활동도 하고, 앎도 중요하지만 무엇보다도 실천이 중요하므로 환경보호와 탄소 제로를 위해 내가 할 수 있는 실천 내용을 동영상으로 제작하는 수업을 진행하고, 공개수업을 통해 각 교과에서 했던 활동들을 모둠별로 발표하는 시간을 가졌다. 교장 선생님이 건의하여 내년에는 전교생이 나무를 한 그루씩 심는 활동도 할 계획이다. 의미 있는 수업이 되었으며, 일회성으로 끝나지 않고 매년 조금씩 심화된 내용의 수업을 만들어 가면 좋을 것 같다. 생태 환경 교육은 너무나도 중요하고 시급한데, 사회와 정부와 기업들은 별로 신경을 쓰지 않는 것 같아 너무 마음이 아프다.

또 작은 학교니까 가능한 교육공동체 가족 모두의 생일을 챙기는 것이 있다. 교직원과 전교생 생일 축하 선물 전하기, 급식소와 연

주제통합 프로젝트
수업 공개 과정 설명

공개수업 참관 모습

공개수업 모둠별
발표 모습

교직원 독서 토론

교원학습공동체

수업 연구회 모습

계하여 생일날 미역국 제공, 전광판에 생일 축하 문구 게시, 교직원
들에게는 미리 읽고 싶은 책을 신청 받아서 생일날 선물로 준비하고,
학생들은 학생자치회를 통해 갖고 싶은 선물들을 미리 조사하여 받
고 싶은 선물(텀블러, USB, 노트, 지우개, 수정테이프, 샤프 등)을 준
비하여 생일날 담임선생님이 전달하는 행사를 진행한다. 작지만 확
실하게 행복을 주는 일이라고 생각하여 꾸준히 하고 있는 행사다.

이런 생일 챙기기도 해를 지날수록 조금씩 변하면서 구성원의 의견을 수렴하여 변화해 왔다.

코로나도 무섭지 않아

어떻게 하면 학부모님들이 주체적으로 학교행사에 참여할 수 있을까 고민 끝에 올해는 코로나로 인해 학교 방문도 쉽지 않고 함께할 수 있는 행사도 거의 없고 하여 책 읽는 학교의 연장선으로 학부모 독서 동아리를 운영하면 어떨까 싶어 가정통신문을 통해 의사를 묻고 신청을 받아 소규모지만 학부모 독서 동아리를 모집하여 운영했다. 학생들과의 공감대 형성을 위해 학생들도 읽은 책 목록을 소개하고 학부모님들의 의견도 반영하여《알로하, 나의 엄마들》,《스토아 수업》,《두 번째 지구는 없다》,《행운이 너에게 다가오는 중》네 권의 책을 함께 읽고 토론을 했다. 책 고르기가 쉽지 않고 여섯 명이라 함께 모이는 것도 쉽지 않았지만 책 읽기 시간이 즐거웠고 행복했으며 내년에도 계속 이어졌으면 좋겠다는 피드백을 받았다. 올해는 교육과정과 연계된 프로그램으로 좀 더 확장되었으면 하는 바람이다.

자유학년제 진로 탐색과 연결하여 청소년 수련관과 다양한 지역사회 기관과 연계한 교육과정 운영이 정착되었으며, 다양한 분야의 마을 선생님들과 함께하는 진로 캠프 및 노작 활동, 학습 캠프, 학습

정서 도움을 위한 집단 상담, 영어 캠프를 1년 내내 수시로 운영하고 있다. 횡성군 행복 교육 지구 및 마을 교육공동체를 활용하여 온 마을이 학교와 연계하여 아이들의 성장을 돕는다는 말이 요즘은 실감 난다. 어디 하나 연결되지 않은 것이 없으므로.

참 좋은 횡성 교육 TV 유튜브 채널에도 공근중 1학년 학생들이 동영상을 제출하여 1등 상을 피자로 받아 맛있게 먹었으며, 다양한 놀이 콘텐츠를 올려 조회 수를 올리고 또 다른 교육 관련 자료들을 만나고 있다.

올해는 청소년 인생 학교 참가, 제진역 체험학습, 강원교육과학 정보원 소프트웨어 체험 활동, 정선 레일바이크, 정선 5일장 체험, 영월 와이스퀘어 체험 활동, 사물놀이 아울 공연, 강원오페라 앙상블 공연, 퍼니밴드 공연 같은 다양한 문화예술 체험을 통해 문화예술 감수성을 올리기 위해서도 많은 노력과 예산을 투입하여 학생들의 성장을 위해 모든 교사들이 합심하여 즐겁게 참여하고 있다. 물론 보건 선생님은 코로나 걱정에 언제나 No!를 외쳤지만 방역 수칙 잘 지키면서 거리두기 철저히 한다는 카드로 대처하면서 작년에 못 했던 체험학습을 다 할 수 있었던 것도 작은 학교여서 가능했다.

그동안 적지 않은 교직 경험이 있지만, 공근중에서의 이런 경험은 정말 많은 성장을 갖게 해 주었다. 늘 새로운 일들을 계획하지만 예전처럼 두렵지 않다. 왜냐하면 그동안 해 보지 않았던 일들이라 설레고, 모두가 함께 협의하여 만들어 가므로 협업의 기쁨을 알기 때

도서관 연계 소설 쓰기 수업　　　지역사회 연계 문화예술 공연　　　학부모 독서 동아리 활동
　　　　　　　　　　　　　　　　　　 (사물놀이 아울)

문이다. 언젠가 유독 보살핌과 손이 많이 가는 학년의 담임샘이 하
신 말씀이 생각난다.

　'괜찮아요~~ 우리 학교에서는 나 혼자 담임이 아니라 모두가 담
임이기 때문에.'

작은 학교가 연계하면, 큰 학교가 될 수 있다

내촌중학교 교사 **황승환**

홍천, 서석. 나에게는 너무나 생소한 곳이었다. 2004년 음악 교사로 철원에 첫 발령을 받아 9년을 보내고 춘천에서 5년이 흐른 후 내 삶의 한 페이지에 들어온 홍천 서석중학교. 2018년 2월 어느 날 운동장을 들어서며 그 풍광에 매료되었고 음악실에서 바라보이는 운동장과 산들은 앞으로 펼쳐질 학교생활을 더욱 기대하게 만들었다. 음악 교사로서 오랜 기간 학교 합창 활동으로 학생들과 다양한 활동을 하였고, 춘천에서는 음악 전공으로 대학을 진학하고자 하는 학생들을 지도하며, 학교에서 경험할 수 있는 다양한 음악교육 활동을 해 왔다는 나름의 자신감이 있었던 터라, 서석중학교에서 보낼 시간들이 더욱 기대가 되었던 것 같다.

농촌 지역에 있는 세 학급의 규모가 작은 서석중학교. 이 학교에는 너무나 이쁜 학생들이 생활하고 있다. 2018년 당시 전교생이 56명이었는데, 학생들은 선생님을 공경하고 무척이나 예의가 발랐다. 흔히 있는 학교폭력도 전혀 없는 청정 지역의 학생들이었다. 이런 학생들이 있었기에 교육 활동을 다양하게 구현할 수 있었던 것 같다. 하지만 규모가 작은 학교라는 점에서 시나 읍에 있는 학교들이 흔히 하는 교육 활동이 외면되어 왔던 것도 사실이다. 음악 교사이기에 학교 내 음악 활동만 놓고 보더라도 작은 학교의 한계를 뛰어넘어 다양한 활동을 할 수 있는 가능성이 많은데도 그 한계를 벗어나지 못하는 것이었다. 학생들과 처음 만났을 때 합창 활동에 대해 질문했더니 초등학교 때조차 그 흔한 합창 활동을 한 번도 해 본 적이 없다는 답을 듣고 많은 것을 생각하게 되었다. 소규모 학교이기에 그동안 활동하지 못했던 합창 활동을, 잘하지는 못하더라고 경험은 하게 해 주자는 생각으로 학교 합창단을 만들었고 전교생들이 모두 참여하는 서석중학교 전교생 합창단이 그해 탄생하게 되었다. 예상대로 착한 학생들과의 합창단 활동은 순탄하게 진행되었다. 그렇기에 더 잘하고 싶은 욕심도 생겼고 더 잘할 수 있겠다는 확신도 들었다. 학생들의 동기부여를 극대화시키기 위해 그해 강원도교육청에서 운영하였던 '한마음 합창 페스티벌'에 참가하기로 했고, 학생들은 처음으로 합창 활동을 하고 무대를 경험하게 되었다. 그리고 많은 사람들의 환호 속에 공연을 마무리하게 되었다. 이를 위해 학생들은 더욱 합창 활동에 최선을 다하였고 합창이라는 매개체는 전교생이 하나로 똘똘 뭉치는 계기가 되었다.

예술꽃 씨앗학교 선정

전교생 합창단이라는 경험은 학교 구성원들에게 특히 학생들에게는 작은 학교이지만 얼마든지 우리도 할 수 있다는 자신감을 갖게 하였다. 이를 위해 학생들에게 좀 더 나은 음악교육 환경을 만들어 줄 수 없을까 하는 고민을 하던 차에 한국문화예술교육진흥원에서 운영하고 지원하는 '예술꽃 씨앗학교' 공모(2018년)에 참가하여 선정되었다. 예술꽃 씨앗학교 운영 예산은 4년 동안 지원받을 수 있고, 이는 그 기간 동안 꾸준히 음악 프로그램을 운영할 수 있는 예산이 마련되었음을 의미했다. 서석중학교에 부임하여 그동안 운영되었던 방과후 학교 프로그램을 점검해 봤을 때 아쉬운 부분이 많이 있었는데 그중 하나가 방과후 강사의 역량이었다. 농촌 지역의 소규모 학교이고 대도시에서 떨어져 있어서 우수한 강사진을 모집하기 힘든 여건인 것은 이해하지만 강사의 자질이 부족한 것이 매우 아쉬웠다. 그렇기에 예술꽃 씨앗학교에 선정된 것은 안정된 예산을 지원받아 우수한 강사진을 모집할 수 있는 여건이 마련된 것이기도 했다. 또한 이전의 방과후 프로그램을 점검하면서 나타난 문제점은 체계적이지 않은 강좌 운영이었다. 한 예로 '드럼 앙상블' 강좌는 가요 반주를 틀어 놓고 두 시간 동안 같은 비트를 돌아가며 세트 드럼을 치는 것이 수업의 전부였다. 드럼 앙상블이라면 여러 대의 세트 드럼이 리듬을 나누어 다양한 리듬을 전개해 나가야 하는데 한 명씩 돌아가며 같은 리듬을 쳐 보는 것이 방과후 수업의 전부였다. 강사들은 대단한 것을 가르치듯 학생들을 지도하였고, 착하고 순박한 학생들은 그런 수업을 아무 불평 없이 받아들이고 있는 모습을 보면서 개선의 필요성을 절실히 느끼게 되었다. 마지막으로는 악기의 수급이었다. 예산에 악기를 맞추다 보니 악기들은 저렴하고 품질이 낮은 것들이 대부분이었고, 이런 악기로 수업을 받는 학생들은 악기 소리를 내는 것조차 힘들어해 악기를 배우는 데 흥미가 줄어든 상황이었다. 이런 모습들은 농촌 지역의 대다수 소규모 학교들이 겪는 모습이기도 하다. 예술꽃 씨앗학교의 선정은 이러한 문제점들을 해소하는 데 큰 도움이 되었다. 안정된 예산으로 우수한 강사들이 지원할 수 있는 시스템의 체계를 만들었다. 이로 인해 양질의 방과후 학교 프로그램 체계를 만들 수 있었고, 고품질의 악기를 확보하여 학생들이 좀 더 편안하게 연주하고 방과후 수업에 즐겁게 참여할 수 있게 되었다. 이는 더 나아가 학생들이 하나의 악기를 3년 동안 꾸준히 배우면서 서석중학교를 졸업할 때는 취미 활동으로 다룰 수 있는 악기가 생긴다는 것과 함께 수준 높게 연주할 수 있는 역량이 마련되는 것을 의미하기도 했다.

초·중 연계 교육과정 운영

예술꽃 씨앗학교 운영과 함께 서석중학교에서 2019년부터 2년간 운영했던 것이 예술과 체육을 중심으로 한 초·중 연계 교육과정 연구학교였다. 서석중학교를 중심으로 서석 지역의 초등학교들과 하나의 교육 ZONE을 운영하는 것으로 정규 교육과정에서는 동아리 활동과 행사 활동을 연계하여 운영하였다. 또한 초·중 연계 교사 협의체 및 교육공동체 운영을 통해 지역 내에 있는 초·중 교사들이 함께할 수 있는 프로그램들을 생각하고 연계 교육과정을 운영해 나갔다. 서석중학교와 서석초, 청량분교, 삼생초 모두 소규모 학교이기에 인원이 적어서 할 수 없었던 다양한 활동들을 예술과 체육을 중심으로 교육과정을 함께 운영해 나갔다. 물론 모든 초등학생들을 대상으로 운영하기에는 한계가 있었기에 전환기 학년인 5~6학년 학생들과 중학생들이 함께 활동하였다. 또한 동아리 활동과 방과후 학교를 연계하여, 한 학생이 길게는 5학년부터 중학교 3학년까지 하나의 악기를 꾸준히 배울 수 있는 시스템이 구축되었다. 그 결과 지금까지 하나의 악기를 꾸준히 배운 학생들은 취미로 배운 악기이지만 반전문가 이상 악기를 연주할 수 있는 수준으로 성장하고 있다. 체육 활동도 단체 운동에 한계가 있었던 학생들이 초·중의 연계로 다양한 단체 운동을 경험할 수 있게 되었다. 이에 더 나아가 전환기의 5~6학년 학생들이 중학교에 대한 막연한 두려움이 있었는데, 초·중 연계 활동으로 해소되는 효과도 확인할 수 있었다.

활동의 연장선에서 2019년에는 지난해에 전교생 합창단을 운영했던 것처럼 초·중 연계 합창단을 운영하여 강원도교육청에서 주최하는 한마음 합창 페스티벌에 유일하게 서석 초·중 연계 합창단의 이름으로 참가하였다. 지난해에 한 번 참가해 본 서석중학교 학생들은 물론이거니와 지금까지 한 번도 합창 활동을 해 보지 못한 서석초, 청량분교, 삼생초 학생들이 처음으로 합창을 경험하게 되어 학창 시절에 아주 인상 깊은 추억 가운데 하나로 남았을 것이다. 학창 시절에 악기를 배워 앙상블 활동을 해 보고, 다양한 목소리를 하나의 소리로 만들어 합창 활동을 하는 것, 그리고 단체 운동을 통해 승리를 위해 함께 협력해 나가는 스포츠 활동은 성장하는 학생들에게 사회성과 인성을 기르는 데 큰 구실을 한다고 생각한다. 농촌 지역의 작은 학교이기에 이런 활동을 못 한다고 생각하고 그에 따른 대안을 찾는 것도 중요하겠지만 작은 학교의 한계를 극복하기 위해서는 시 지역의 큰 학교에서 흔히들 할 수 있는 활동들을 작은 학교에서도 구현할 수 있는 방법을 찾아내는 것이 어떻게 보면 작은 학교를 살리는 길이 될 수 있다는 생각을 해 본다. 이런 점에서 2년 동안 했던 초·중 연계 교육과정 운영은 앞으로 변화하는 교육 환경을 대변하는 프로그램이었고, 그 속에서 생각의 틀을 넓혀 주거나 확장하는 계기가 된 것 같다.

코로나19, 생각의 틀을 넓히다

초·중 연계 교육과정 연구학교 운영 2년 차였던 2020년은 우리 나라뿐만 아니라 전 세계적으로 코로나로 인해 힘든 시기였다. 당연히 서석중학교에서 했던 다양한 연계 교육 활동도 중단되었고, 모든 교육 활동이 위축되었다. 학교의 모든 과목 수업이 비대면 원격수업으로 진행되었고, 예술과 체육을 중심으로 한 연계 교육과정 운영은 더더욱 위축될 수밖에 없었다. 금방 끝날 줄 알았던 코로나 상황은 점점 더 심해져 갔고, 학생들 역시 비대면 원격수업에 지쳐 있었다. 친구들과 함께하는 다양한 음악, 체육 활동이 그리울 수밖에 없는 상황들이 계속되고 있었다. 코로나가 잠잠해지기를 가만히 기다리고 있을 수만은 없었다. 이때 생각해 낸 것이 찾아가는 악기 교실이었다.

2020년 찾아가는 악기 교실 운영(4월~6월)

예술 강사들이 희망하는 학생들의 집을 직접 찾아가 학생들에게 악기를 가르치는 수업이었다. 농촌 지역에서 누군가가 찾아와서 가르치는 과외 형태의 수업 방법에 대해 익숙하지 않았던 학부모들과 학생들은 처음에 찾아가는 악기 교실에 대해 거부감이 있었으나 악기를 일대일로 집중해서 배울 수 있는 기회였기에 몇몇 학생들이 신청하여 악기를 배움으로써 그동안 비대면으로 배우기 힘들었던 악기교육이 다시 시작된 것이다.

코로나19로 위축되었던 초·중 연계 교육과정은 찾아가는 악기 교실로 인해 교육과정 운영에 대한 생각의 틀을 넓혀 주는 계기가 되었다. 원격수업에서 대면수업으로 바뀌어도 초·중 연계 교육과정 운영이 2019년도처럼 운영되는 것은 불가능하였고, 이때 생각해 낸 것이 찾아가는 음악 교실이었다. 지금까지는 학생들이 악기를 들고 이동했다면 이제는 예술 강사들이 각 초등학교를 방문하여 학생들을 지도하였다. 또한 서석중학교에서 함께 연주할 곡목을 정하고, 이를 지도함으로써 다 같이 모이지는 못하지만 하나의 레퍼토리를 함께 만들어 나가는 시스템이 마련된 것이다.

찾아가는 음악 교실은 연계 교육과정을 운영하면서 겪었던 어려운 부분들을 많이 해소해 주었다. 많은 초등학교 학생들이 중학교로 이동해야 하는 불편과 그 학생들을 인솔해야 하는 교사들이 헌신할 수밖에 없었는데 예술 강사들이 학교를 방문하여 지도하면서 이런 문제점이 모두 해소되었다. 또한 각각의 초·중학교가 따로 배우지만 지도하는 강사들과 서석중학교 담당 교사가 협의하여 레퍼토리를 선정하고 지도 내용을 공유함으로써 효율적으로 하나의 곡을 각각 완성해 나갈 수 있었다. 또한 수준별 지도가 가능해졌다는 장점도 있었다. 초등학생들과 중학생들이 악기를 배운 시점이 다르기 때문에 함께 모여서 앙상블 활동을 할 때 그 접점을 찾기가 쉽지 않은 부분이 있었는데, 찾아가는 음악 교실은 초등학교 학생들은 그 학생들 수준에 맞게 지도할 수 있고 중학교 학생들은 또 그에 맞는 수준으로 지도할 수 있다는 점에서 하나의 레퍼토리를 완성해 나가는 데 좀 더 효율적으로 운영될 수 있었다.

시골 작은 학교에서 탄생한 오케스트라

작은 학교에서 운영하기 힘든 음악 프로그램에는 합창단과 오케스트라가 있다. 그래도 합창은 전교생 합창단과 초·중 연계 합창단이라는 이름으로 경험할 수 있었다. 예술꽃 씨앗학교에 선정되어 운영 프로그램을 기획할 때 오케스트라 구성보다는 다양한 악기의 작은 앙상블 위주로 결정한 것도 작은 학교의 한계를 생각하지 않을 수 없었기 때문이기도 했다. 다양한 앙상블을 초등학교와 연계하여 운영하였고, 학생들의 악기 실력이 조금씩 향상되면서 완벽하지는 않더라도 오케스트라처럼 구성해 보는 것을 시도해 보고 싶은 생각이 들었다. 이 또한 학생들에게는 큰 경험이 될 것이었다. 코로나로 인해 대면 공연은 힘들지만, 비대면 공연을 한다면 정식 연주 홀에서 학생들이 연주할 수 있는 기회를 주는 것만으로도 의미 있는 일이라는 생각이 들었다. 비대면이라 하더라도, 유튜브 실시간 공연으로 학부모님들과 지역 주민들이 어느 장소에서든 감상할 수 있는 비대면 공연 프로그램을 기획하게 되었다. 강원대학교 백령아트센터에 서석중학교, 서석초, 청량분교, 삼생초 학생 72명이 모여 타악기 앙상블, 플루트 앙상블, 현악 앙상블, 색소폰 앙상블 연주와 더불어 모두 함께 모여 오케스트라 공연을 하였다. 연주곡은 '10월의 어느 멋진 날에'였다. 서석중학교에 부임해서 3년 동안 작은 학교의 예술교육을 위해 노력한 결과였다. 시 지역의 큰 학교에서는 누구나 희망하면 할 수 있는 다양한 음악 활동들을 전혀 경험해 보지 못한 학생들이 여러 가지 음악 활동을 경험하며 만들어 낸 쾌거였다. 학생들은 어떤 느낌이었을까? 교사인 내가 느끼는 감동과는 다르게 학생들은 아무 느낌이 없을 수도 있겠다. 하지만 세월이 흐른 뒤, 살아가면서 이 연주의 순간이 떠오른다면, 지금은 큰 감동을 못 느끼더라도 누구나 동경하는 음악 홀에서 오케스트라의 일원이 되어 연주해 보았다는 경험은 큰 추억으로 남을 수 있을 것이다.

시골의 작은 학교들이 모여 큰 학교가 된 순간이다. 물론 음악으로 한정하여 이루어 낸 결과이지만 작은 학교들의 구성원들이 모여 머리를 맞대고 협력하여 우리도 할 수 있음을 보여 준 결과라고 할 수 있겠다.

2021년 현재의 이야기

코로나는 여전히 우리 주변을 맴돌고 있고, 서석의 한 주는 바쁘게 돌아가고 있다. 찾아가는 음악 교실은 더욱 활성화되어 초등학교 3~4학년까지 악기를 배우고 있다. 초·중 연계 교육과정을 통해 초등학교 시절에 미리 악기를 배운 학생들은 서석중학교에 입학하여 더욱 수준 높은 곡들을 익히고 연주하고 있다. 앙상블마다 신입생이 들어오면 어려운 부분이 있지만, 찾아가는 음악 교실을 통해 미리 배워 온 학생들이기에 그 적응 시간이 그리 길지 않다. 2021년의 변화라면 음악 교사인 내가 서석중학교에서 자동차로 30분 정도 거리에 있는 내촌중학교로 겸임을 나가게 된 것이다. 전교생 열한 명인 내촌중학교. 처음 서석중학교에 부임했을 때와 같은 느낌이다. 이 친구들 역시 음악 활동 경험이 전무했고, 기존에 운영되던 악기교육을 받고 있었다. 서석중학교 학생들이 다양한 동기부여를 통해 전교생 합창단, 초·중 연계 합창단, 초·중 연계 오케스트라의 경험을 쌓아 왔듯이 내촌중학교 학생들에게도 이러한 경험과 목표를 갖게 해 주고 싶었다. 특히 금관악기를 배우는 학생들이 있어 목관악기 중심으로 배우는 서석중학교 학생들과 함께 연주한다면 좋은 효과가 있을 것이라는 생각이 들었다. 더욱이 성실하고 착한 이 학생들에게 음악을 통한 선물을 주고 싶었다. 새로운 프로젝트의 탄생이었다. 이름하여 중·중 연계 윈드 오케스트라의 탄생이다. 이제는 어엿한 윈드 오케스트라의 위용을 갖출 수 있는 악기 구성이고 여기에 서석중학교의 현악 앙상블이 함께하는 형태이다. 7월, 처음으로 내촌중학교 학생들과 서석중학교 학생들이 함께 모여 연습을 했다. 연습곡은 '사운드 오브 뮤직' 내촌중학교 학생들과 서석중학교 학생들 모두 그동안 들어 보지 못한 금관과 목관의 소리를 들으며 하나가 되는 시간이었다.

2021년 내촌중, 서석중 연계 활동(7월, 10월)

2021년 10월 21일. 내촌중학교 학생들과 서석중학교 학생들은 강원대학교 백령아트센터에서 '2021년 지역 연계 예술꽃 씨앗학교 음악회'를 열었다. 유튜브 실시간 비대면 공연으로 진행하였고, 다양한 앙상블 연주와 함께 마지막은 내촌중학교 학생들과 서석중학교

2021년 지역 연계 예술꽃 씨앗학교 음악회

학생들의 '사운드 오브 뮤직', '라데츠키 행진곡' 같은 오케스트라 연주가 있었고, 아주 수준 높은 연주를 선보였다.

시골의 작은 학교들이 연계하여 만들어 낸 멋진 무대. 어떤 큰 학교 부럽지 않은 공연을 이뤄 낸 것도 중요하지만 우리 학생들에게 중학교 시절 이런 큰 무대에서 최선의 공연을 위해 서로 협력하고 자신의 능력을 마음껏 펼친 멋진 추억으로 기억된다면 그게 바로 성공이 아닐까 싶다.

2018년 서석중학교에 부임하여 어느덧 4년이라는 시간이 흘렀다. 전임 학교인 음악중점학교에서 학생들을 지도하며 앞으로 학생들과 큰 규모의 음악 활동은 쉽지 않을 것 같다는 생각을 하며 서석중학교에 부임했던 기억이 난다. 하지만 4년이 흐른 후 음악중점학교 이상의 경험들을 농촌의 작은 학교 학생들과 이뤄 나가고 있다. 지금까지의 활동만 놓고 보자면 서석중학교는 더 이상 작은 학교가 아니다.

농촌 지역이라서, 소규모 학교이기에 불가능하다고만 여겼던, 그래서 시도하지도 않고, 생각하지도 않았던 일들을 음악이라는 한 분야이기는 하지만 얼마든지 작은 학교들도 할 수 있다는 가능성을 보여 주었다고 생각한다. 외형상 작은 학교라고 우리의 마음도, 희망도 작을 필요는 없다. 얼마든지 작은 학교들이 연계하면 큰 학교가 될 수 있다.

사회적 거리두기나 마스크로도
막을 수 없는 것들이 있다

전(前) 강원도교육청 문화체육과 문화예술교육 담당 주무관 **이민아**

누군가는 '그들만의 리그'라고 비웃는 마을 교육공동체, 작은 학교, 지역 협력, 문화예술교육 업무를 주로 했던 나는 강원도교육청 5년 차 임기제 공무원이다. 역설적이게도 코로나 대유행은 '그들만의 리그'를 '우리들의 리그'로 바꿔 주었고, 지역과 함께 작은 학교에서 예술교육으로 더 빛났던 순간들을 만들었다. 그리고 사회적 거리두기나 마스크로도 막을 수 없는 것들이 있다는 걸 깨닫게 해 주었다.

코로나 대유행 2년 차, 조심스럽게 '학교로 찾아가는 예술 한마당(이하 학예당)'을 다시 열었다. 학예당은 도내 초, 중, 고등학교

100개 학교에 찾아가는 공연 프로그램으로 연극, 음악, 미술, 무용, 다원 장르 21개 전문 공연 단체가 학생들을 위한 무대를 준비했다. 이번에 참여하는 공연 단체 중에서 13개가 강원도를 중심으로 활동하고 있어서 학교 문화예술교육과 지역 예술 단체가 함께 성장할 수 있는 기반도 마련하게 되었다.

학예당이 진행되는 동안에는 아침마다 강원도 거리두기 단계를 검색하는 것이 일상이었는데, 도내 대부분 지자체가 2단계를 유지하다가도 확진자가 늘면 일주일 단위로 거리두기 단계를 조정해서 늘 마음을 졸여야 했다. 공연 단체와 운영 스태프는 모두 공연 일주일 전, 사흘 전, 하루 전, 당일까지 자가진단 리스트를 체크하면서 학교로 들어갔다. 방역 지침을 지키며 관람 인원을 50명 내외로 제한한 탓에 주로 작은 학교를 찾아갔는데 덕분에 아이들은 바로 눈앞에서 공연을 보며 함께 즐거워할 수 있었다. 가을로 접어들면서 공연

홍천 내촌초등학교

평창 용전중학교

단체 대부분이 코로나백신 2차 접종까지 완료했는데도 불안한 마음에 매주 PCR검사를 받는다는 연주자도 있었다. 일반 공연장이 아닌 학교라는 부담감도 있었을 테고, 관객이 그리운 만큼 안전한 무대도 소중했기 때문이다.

'비보이처럼 느껴라! 즐겨라! 표현하라!' 환영의 의미를 담은 멋진 현수막까지 걸어 준 홍천 내촌초등학교는 병설유치원 친구들까지 포함해서 1학년부터 6학년까지 전교생이 모두 모여도 40명 남짓한 작은 학교다. 강원도를 대표하는 비보이 클라이맥스 크루가 역동적인 공연을 보여 줬는데 진행자 말대로 의자에 앉으면 바닥에 발도 닿지 않는 귀여운 유치원 꼬마들부터 교장 선생님까지 공연을 즐기는 모습이 멋진 학교였다.

평창 용전중학교 체육관에 뚝딱뚝딱 실레마을이 옮겨졌다. 극단 도모의 연극 〈동백꽃〉(김유정 원작)을 하기 위해서다. 연극 공연을

양양 송포초등학교

하기는 낮은 무대지만, 그래서 관객에게 좀 더 가까이 다가갈 수 있었다. 평소 같으면 수줍어서 박수도 인색했을 중학생들의 환호 속에서 공연이 끝나고 아이들은 하나같이 "뽀뽀 한 번만!"을 외쳤다. "알싸한, 그리고 향긋한 그 냄새에 나는 땅이 꺼지는 듯이 온 정신이 고만 아찔하였다."(〈동백꽃〉 중에서) 학예당은 책으로 읽었던 문학작품을 연극으로도 만나는 좋은 기회가 되기도 한다.

여름방학을 앞두고 전국적으로 소규모 집단 감염이 계속되고 있었다. 양양 바닷가 작은 학교인 송포초등학교 다목적실에서 1학기 마지막 공연으로 극단 로.기.나래의 인형극 〈덜컹달캉 이야기수레〉가 펼쳐졌다. 혹시나 싶어서 창문을 모두 열어 놓고 공연을 했지만, 아이들은 창밖 소음에도 아랑곳하지 않고 배우들의 움직임 하나하나에 집중하고 있었다. 조명과 음향이 전문 공연장처럼 훌륭하지는 않더라도 그 순간만큼은 배우와 관객이 하나가 된 완벽한 무대였다.

강서중학교는 춘천 서면 박사마을의 작은 학교다. 오페라 〈아리아〉부터 뮤지컬 〈넘버〉까지 음악사 콘서트가 끝난 후에 몇몇 아이들이 살그머니 앞으로 나와 연주자에게 궁금했던 곡명도 묻고 기념사진도 찍었다. 무심한 척 박수도 크게 치지 않았는데 공연이 끝나니 내심 아쉬웠던 모양이다. 중학생이라고 K팝이나 힙합만 좋아하는 건 아니었다. 취향의 발견, 강원도 곳곳의 학교에 찾아가는 공연이 필요한 이유다.

체육관에 널찍널찍하게 띄어 앉은 홍천 두촌중학교 아이들이 국악 창작 그룹 자락의 연주에 맞춰 들썩인다. 노래와 함께 쉽게 풀어서 설명하니 국악과 국악기에 대해서도 지루하지 않게 배울 수 있다. 아리랑 장단에 맞춰 박수도 치고 춤도 추면서 잠시나마 학교 밖 코로나 상황도 잊어 본다. 감염병 시대에 공연 관람만큼 확실한 심리 방역은 없었다.

홍천 두촌중학교

흔한 말로 '문화 소외 지역'이라고 말하는 강원도 아이들이 최소한 1년에 한 번이라도 공연을 볼 수 있게 하려면 어떻게 해야 할까?

2021년에는 학교로 찾아가는 예술 한마당으로 100개 학교, 한국문화예술위원회 신나는 예술여행 105개 학교, 국립국악원 국악배달통 20개 학교, 강원도립극단 낭만텐트극장 20개 학교, 지자체 교육 경비로 운영하는 찾아가는 문화예술 프로그램에 시립예술단의 지역 협력형 공연, 도교육청 민간 보조 사업으로 운영하는 찾아가는 공연까지 합쳐서 도내 초, 중, 고, 특수학교 660여 개 학교(분교 포함) 중에서 절반 정도가 공공 기관의 공연 서비스를 받았다. 교육청 자체 사업으로 추진하는 학교로 찾아가는 예술 한마당 예산이 계속 늘기는 하겠지만, 1~2년 안에 도내 전체 학교로 확대하기에는 아직 턱없이 부족한 상황이다. 결국 유관 기관과 협력하여 다양한 방법으로 지원 규모를 확대하는 방법을 찾아야만 한다.

그런 면에서 2021년 어린이날 전날 도교육청과 강원도립극단이 맺은 업무 협약은 의미가 크다. 보통 학교로 찾아가는 공연은 원래 있는 강당이나 체육관을 활용해야 하는 공간적 제약으로 공연을 보더라도 일상에서 벗어난다는 느낌이 덜할 수밖에 없다. 이번 업무 협약을 통해 더 확대되는 도립극단의 어린이 음악극은 공연용 대형 텐트를 별도로 제작하여 진짜 공연장으로 들어가는 특별한 경험을 하게 했다. 낭만텐트극장의 가을 시즌 작품인 〈안녕, 팥쥐!〉는 화천 유촌초등학교와 평창 진부초등학교 체육관에 텐트 형태로 만든 공연

강원도립극단과 업무 협약　　　　　　　낭만텐트극장 〈안녕, 팥쥐!〉

장에서 인근 작은 학교 친구들이 함께 관람했다. 오전에 공연을 먼저 보고도 체육관 밖에서 다음 공연을 궁금해하며 기웃거리던 유촌 친구들에게도, 뜨거운 환호와 박수로 오후 공연을 본 오음 친구들에게도 착한 팥쥐가 좋은 추억이 되었기를 바란다.

　지역 협력 사례로는 코로나 대유행 1년 차에 강원문화재단과 함께 진행했던 온라인 방과후 학교 축제 '랜선 페스티벌 울리불리'도 있었다. 몇 번째인지도 헛갈리는 개학 연기와 등교 개학을 앞두고 터진 이태원발 코로나 재확산으로 모든 것이 불투명했을 때 도교육청도 많은 사업을 축소하거나 중단했다. 당연히 예산도 삭감되었다. 그래도 멈출 수는 없었다. 2020년이 의미 없는 한 해가 되지 않도록 포기하지 않고 마지막까지 붙들었던 것이 바로 방과후 학교 축제였다.

　도교육청에선 춘천마임축제, 원주다이내믹댄싱카니발, 강릉단

오제, 영월단종문화제, 정선아리랑제 같은 도내 대표 축제와 연계했던 5개 청소년 축제 학교를 비롯해서 합창, 뮤지컬, 인형극, 농악, 하프 앙상블, 오케스트라, 아카펠라, 교사 밴드, 학교 안 작은 미술관 같은 학교 예술교육 운영 사례를 중심으로 27개 영상을 제작하였다. 강원문화재단은 꿈다락 토요문화학교와 지역 특성화 문화예술교육 참여 단체들의 예술교육 프로그램 25개를 소개했다. 이 영상들을 엮어서 3일짜리 온라인 축제를 만든 것인데 어찌 보면 거의 미친 짓이나 다름없는 무모한 도전이었다.

원래는 대면 축제로 준비했는데 아무리 긍정적으로 상황을 살펴봐도 뾰족한 방법을 찾을 수가 없어서 서둘러 비대면 온라인 축제로 방향을 틀었다. 8월부터 학교 예술교육 운영 사례들을 수집하였고, 촬영 전 사전 협의를 위해 강원도 구석구석을 돌아다녔다. 역시 우리가 찾는 답은 작은 학교에 있었다. 일반 학교는 등교조차 할 수가 없어서 교육과정도 정상적으로 운영하기가 어려웠는데 작은 학교는 달랐다. 감염병 상황에서도 알차게 다양한 교육 활동을 하고 있는 작은 학교에 감탄하였고, 뭐가 필요하다고 말하기도 전에 알아서 척척 준비해 주시는 강원도 선생님들은 감동이었다. 작은 학교 아이들의 평화로운 일상에 팬데믹은 없었다.

온라인이라도 축제는 축제라 화천 용암초등학교 농악 동아리 여섯빛깔두드림이 길놀이로 열어 주었는데 전교생이 참여하는 방과후 예술교육으로 이렇게 멋진 모습을 보여 줄 수 있다는 것이 놀라웠다.

화천 용암초등학교 여섯빛깔두드림

지역 명소인 사랑나무 둘레를 돌며 촬영한 용암초 친구들의 화천농
악은 화천군의 자랑이기도 했다.

그리고 난생 처음 마이크를 달고 음향 장비와 카메라의 도움을
받으며 무대를 꾸몄던 정선 백전초등학교 창작 인형극 동아리 친구
들이 촬영에 앞서 선생님과 함께 스태프들에게 인사하는 모습은 참
예뻤다. 축제에 참여했던 선생님들은 하나같이 아이들에게 고마운
마음을 가르치고 표현하게 하는 것도 중요한 교육이라고 생각하신
듯하다.

미세먼지를 주제로 환경에 대해 생각해 보는 막대 인형극 〈뻐꾸
기시계의 비밀〉을 지도했던 홍성준 선생님은 "학교 현장의 많은 선
생님들이 다양한 끼와 재능을 가지고 계신데 조금만 용기를 내서 학

생들과 함께 재밌는 문화예술교육을 할 수 있는 여건이 마련되었으면 좋겠다"고 하셨는데 맞는 말이다. 특히나 여러모로 열악한 군 지역 학교에서는 선생님들의 도움이 절실하다.

양구는 이미 초겨울에 접어든 날씨인데도 졸업을 앞둔 석천중학교 수아베합창단 3학년 친구들은 작년 합창 대회에서 입었던 옷을 고집했다고 한다. 대회도 축제도 없었던 2020년엔 아이들이 갈고 닦은 실력을 보여 줄 만한 마땅한 무대가 없어서 이렇게라도 보여 줄 수 있는 기회가 설렜던 모양이다. 다행히도 햇살은 따스했고, 듣기만 해도 괜스레 뭉클해지는 마이클 잭슨의 'Heal The World'를 정말 천사같이 불러 주었다.

아이들 노래에 답가처럼 양희은의 '참 좋다'를 부른 춘천중등음악교과교육연구회 선생님들은 코로나로 만나지 못한 아이들을 기다리며 희망과 응원의 마음을 담아 화음을 맞춰 또 다른 감동을 주

양구 석천중학교 수아베합창단

춘천중등음악교과교육연구회 선생님들

도교육청 6층 대강당

었다.

그렇게 촬영이 순조롭게 진행되는 듯했으나 갑자기 확진자가 늘면서 마지막 촬영쯤에는 학교 출장도 금지되었다. 결국 원주중학교 관악부는 촬영팀이 학교로 들어가지 못해서 음악 선생님이 휴대전화로 찍어서 보내 주신 영상을 브이로그 형태로 편집하여 소개하기도 했다.

"여기는 강원도교육청 6층 대강당입니다~"

드디어 디데이, 1년에 한두 번 내려올까 말까 한 도교육청 6층 대강당 바텐이 수십 번 오르락내리락하며 조명을 맞췄다. 방송사 스튜디오에 견줄 수는 없지만, 나름 연말 시상식 느낌이 나도록 진행자들 의상도 화려하게 준비했다. 강원도 학교 예술교육과 사회 문화예술교육에 대한 맥을 짚어 가며 매끄럽게 진행해 주신 춘천 퇴계중학교 김익록 교감 선생님과 홍천 노천초등학교 반원호 선생님, 화가이자 예술교육 전문가인 목선혜 선생님의 도움으로 촬영이 무사히 마무리되었다. 그럴듯한 온라인 축제가 만들어지기까지 수고한 모두와 대면 등교조차 쉽지 않았던 시기에 학교 예술교육을 위해 애써 주신 작은 학교 선생님들에게 감사한 마음을 듬뿍 담아 만든 '랜선 페스티벌 울리불리' 영상이 12월 10일부터 12일까지 3일 동안 유튜브 학끼오TV를 통해 스트리밍되었다. 뭐든 욕심을 내면 한도 끝도 없겠지만, 온라인이라는 한계와 장점 때문에 더 많이 집중하고 더 많이 고민하며 만들었던 축제 영상에 달린 댓글들을 보며 나도 같이 눈물이 났다.

 - 아이들과 함께해서 감격스럽습니다. 마음이 울컥합니다.
 - 진심으로 노래를 부른다는 게 이런 거군요. 응원합니다.
 - 실제로 보면 더 멋지고 감동적이었을 것 같지만, 이렇게라도 오랜만에 아이들의 모습을 보니 간만에 힐링하였네요.
 - 오랜만에 막대 인형극을 봤습니다. 참 반갑네요. 춘천교대인형극회 '청개구리' 시절이 그립습니다.
 - 코로나인데도 아이들의 웃는 모습이 보기 좋네요.

합창, 오케스트라, 연극, 뮤지컬, 무용 같은 공연 예술 장르 예술교육은 무대에서 완성된다. 예년 같은 축제나 발표회는 아니더라도 그동안 열심히 연습하고 준비했던 활동들을 촬영하고 녹음해 보는

211

색다른 경험을 통해 우리 아이들이 조금 더 성장하는 기회가 되었기를 바란다.

> 배운다는 건 꿈을 꾸는 것~
> 가르친다는 건 희망을 노래하는 것~
> 우린 알고 있네 우린 알고 있네~
> 배운다는 건 가르친다는 건 희망을 노래하는 것~

'꿈꾸지 않으면'(양희창 작사/장혜선 작곡)은 교사도 아닌 내가 들어도 가슴 뜨거워지는 노래다. 하루하루가 살얼음판인 역병의 시대를 겪어 내며 새롭게 알게 된 게 꽤 있다. 교실 안의 학생 수가 많거나 적거나 '교육의 본질'은 변하지 않는 것처럼, 배우고 가르치면서 꿈을 꾸고 희망을 노래하는 강원도의 모든 작은 학교를 응원한다.

지역 교육과정으로
서로 만나 각자의 색으로
꽃피운 작은 학교

정선교육지원청 장학사 김성수

작은 학교와 국가 교육과정

대한민국 대표 폐광 지역인 정선군은 인구 약 3만 7천 명의 농산촌이다. 산업화를 이끌던 광산이 번성하던 시기에는 13만 명이 넘는 사람들이 살던 곳이었지만, 석탄 산업 합리화 조치로 탄광이 하나둘씩 문을 닫자 인구가 급감하고 이에 따라 신생아 수도 급격히 줄고 있으며, 2019년 정선군 통계 연보에 따르면 2018년 한 해 동안 정선군 전체에서 태어난 아이들은 단 136명이다.

2022년에는 강원도의 초등학교 1학년 학급당 학생 수를 20명으로 추진하니 2018년 태어난 학생들이 초등학교에 입학한다면 수치

상으로는 총 7개의 학급만 있으면 된다. 현재 정선에는 19개의 본교와 분교가 있으니, 절반이 넘는 학교에는 1학년 학급이 없어지는 상황이 곧 다가올 것이다.

이처럼 학교에 다녀야 할 아이들이 줄어들면 학교는 작아지고, 작아지다 못해 없어지게 될 것이다. 아이가 없으면 학교도 없어지고, 마을도 사라지게 되는 것은 자연스러운 순서일 것이므로 지방 소멸 위기에 놓인 대부분의 지역에서는 학생을 늘리고 학교 경쟁력을 높이기 위해 다양한 지원을 강화하고 있다. 하지만 세계 최저 수준으로 심각한 우리나라의 저출산 위기 시대에 인구를 늘리는 일이란 쉽지 않은 일일 것이며, 정선군 역시 인구정책의 패러다임을 '인구 증가'에서 '인구 유지'로 전환하고 지역에 맞는 인구정책을 실현하겠다고 밝혔다.

정선의 초·중학교 중 작은 학교의 비율은 67%이다. 사실, 작은 학교가 적정 규모가 되지 못하는 이유는, 또는 적정 규모를 유지하다가 작은 학교가 된 이유는 저출산이라는 자연적 요인뿐만 아니라, 학령인구가 도시로 이동하는 사회적 요인이 맞물려 일어난 현상이기도 하다. 지역과 가까운 도시 지역으로 전학 가는 것뿐만 아니라 같은 지역 안에서도 더 큰 학교로 진학하기를 희망하는 경우가 많고, 집과 가까운 곳에 학교가 있는데도 학생들은 버스를 타고서라도 읍내의 중학교에 다니기를 원하고 있기 때문이다.

좁은 지역에서는 그래도 큰 학교를 졸업해야만 잘 먹고 잘 살 수 있다는 어른들의 이야기가 있다고는 하지만, 작은 학교보다 적정 규모를 갖춘 학교를 선호하는 현상의 본질을 들여다보면, 결국 학생들은 현재 국가에서 정한 표준화된 교육과정을 정상적이고도 원활하게 운영할 수 있는 학교에서 배우길 원하는 것이다. 수많은 교과와 창의적 체험 활동, 수업일수와 수업시수까지 빼곡하게 제시하고 있는 국가 교육과정의 운영은, 작은 학교보다 적정 규모의 학교에서 더욱 원활하게 할 수 있기 때문이다.

작은 학교들이 개성을 갖추면서 적정 규모로 유지될 수 있는 창의적 교육과정을 운영할 수 있도록 자율권을 부여해야 하는데, 현재의 국가 교육과정 체제에서는, 평균 수준의 보편적인 규모에 미치지 못하는 작은 학교에서 교육과정을 정상적으로 운영할 수 있기를 기대하기란 쉽지 않은 것이 현실이다. 이러한 현상이 지속된다면, 결국 작은 학교는 학부모와 아이들에게 외면받게 되며, 학생 수가 줄어드는 문제를 넘어 학교 황폐화와 지역 소멸로 이어지게 될 것이다.

국가 교육과정은 공평한 교육의 기회를 제공하여, 공교육을 통한 평등을 추구하고 있지만, 이러한 국가 교육과정이 어쩌면 출발점이 다른 학교와 학생들의 각기 다른 상황을 고려하지 못하고 있을지도 모른다. 따라서 강원도교육청이 추구하는 '모두를 위한 교육'을 진정으로 실현하기 위해서는 국가 교육과정을 넘어선, 각 지역의 학교와 학생의 현실적 상황에서 유연하게 대처할 수 있는 지역 교육과정 적용이 필요한 시기이다.

미래 교육은 삶을 살아가는 역량을 길러 주는 교육이며, 삶을 살아가는 터전은 우리가 살고 있는 지역에서 시작해야 한다. 따라서 작은 학교의 경쟁력을 높이기 위해서는 지역이 주는 가치를 인식하는 교육을 바탕으로 우리 지역에서 살아갈 수 있는 힘을 길러 주는 교육이 지속성 있게 이루어져야 할 것이다.

이에 따라 정선교육지원청에서는 우리 지역에서 배우고 성장하는 학생들이 우리 학교와 지역에 대한 자부심과 자긍심을 지닐 수 있도록 우리 지역의 인적 물적 자원을 바탕으로 한 지역 교육과정을 개발하고 운영해 작은 학교만의 교실 교육과정과 학교 교육과정, 나아가 지역의 특색을 접목한 지역 교육과정을 구현하고자 하였다. 이를 통해 학생 수가 적은 작은 학교에 머무는 것이 아니라, 자유로운 배움과 성장의 기회를 통해 '작은 학교'를 넘어, '좋은 학교'로 자리매김할 수 있을 것이다.

작은 학교와 작은 학교가 만나 저마다 살아 숨 쉬는 지역 교육과정으로 태어나다

강원도 정선을 생각하면 제일 먼저 떠오르는 것은 당연히 '아리랑'이다. 길가의 간판에서 '아리' 또는 '아리랑'이라는 글자를 손쉽게 찾을 수 있을 정도로 아리랑의 흔적은 정선 구석구석에서 아주 쉽게 확인할 수 있다.

강원도무형문화재 제1호이자, 정선을 대표하는 자랑스러운 문화 콘텐츠인 '정선아리랑'을 유지하고 발전하기 위해서 작은 학교 두 곳(여량중, 나전중)의 자유학년제와 연계한 '지역 특화 자유학년제 공동 교육과정'을 운영하고 있다. 《아리랑 로드》의 저자이자, 아리랑 연구로 저명한 지역 명사인 진용선 전(前) 정선아리랑박물관장님이 '아리랑 정선, 세계인의 노래 아리랑'을 주제로 22차시 주제 선택 활동을 진행하고 있으며, 이 과정을 이수한 학생은 '러시아 아리랑 로드' 국외 현장 체험학습에 참가할 수 있도록 지원하여 학생들의 참여 의지를 높이고, 배움을 확장할 수 있도록 기회를 제공하였다.

올해는 아리랑을 넘어, 지역의 문화예술인과 학자, 그리고 시설 등 인적 물적 인프라를 활용한 지역 교육과정을 확대하고 있는데,

나전중 여량중 자유학년제 지역 특화 공동 교육과정 운영

가장 대표적인 사업은 정선아리랑문화재단과 연계한 '청소년 뮤지컬 극단 양성'이다. 정선 아리랑센터에서 정선 오일장에서 상설 공연으로 진행하고 있는 뮤지컬 〈아리아라리〉는 2018년 평창동계올림픽 기념 공연에서 초연된 뮤지컬로, 아리랑이라는 소중한 유산을 전승·발전하고 정선아리랑을 대중화·세계화하기 위한 문화예술 콘텐츠다. 현재 뮤지컬 〈아리아라리〉에 출연하고 있는 극단의 단원들은 공연이 없는 날에는 강사가 되어, 우리 지역의 중학교 네 곳에서 학생들에게 소리, 춤, 타악, 연기뿐만 아니라 무대 연출까지 지도하고 있으며, 추후 학생들이 무대에서 배운 내용을 선보일 수 있는 기회를 마련하고자 준비하고 있다.

또한 사진, 미술 같은 다양한 분야에서 활약하고 있는 우리 지역의 작가들과 연계한 지역 연계 교육과정을 운영하고 있는데, 고향인 정선에서 사진관을 열고 청년 사업가이자 사진작가로 활발하게 활동하고 있는 이혜진 작가와 함께 고한중, 정선중 학생들은 마을을 사진에 담는 수업을 진행하고 있다. 여행작가이자 도예가인 김소영 작가는 도시 생활을 정리하고, 정선 여량에 도예 공방을 마련하여 생활하고 있는데, 정선중 학생들에게 도예와 예술, 그리고 창업과 관련된 주제로 지역 연계 교육과정 운영에 함께하고 있으며, 푸드카빙이라는 이색적인 아이템으로 창업을 하고, 우리 지역의 음식을 활용한 다양한 푸드카빙 작품 활동을 진행하고 있는 전진아 작가는 음식으로 만드는 예술이라는 주제로 고한중과 사북중 학생들에게 푸드카

빙을, 정선중과 사북중 학생들과는 우리 학교 담벼락 만들기를 주제로 마을과 학교 입구에 입체 벽화를 만드는 수업을 함께하고 있다.

공동 교육과정 운영 및 활성화를 위한 업무 지원 시스템 기반 조성

하지만, 지역 특화 공동 교육과정의 운영은 여러 학교가 모여 학생들이 희망하는 각각의 주제로 교육과정을 운영해야 하므로, 강사와 장소 섭외, 학생 이동 등 학교에서 여러 가지로 고민해야 할 부분이 일어나게 된다. 또한, 지역 교육과징을 운영함에 있어 발생하는 각종 행정과 재정적인 업무 처리가 학교 또는 교사의 숙제가 된다면 학교의 자발적인 참여를 통한 지역 교육과정을 운영하기는 쉽지 않을 것이다.

이에 정선교육지원청에서는 지역 특화 공동 교육과정을 운영하는 데 필요한 행정과 재정 시스템을 모두 지원하고 있다. 학생들이 이동할 때 필요한 에듀버스 배차와 택시 임차부터 강사 섭외, 프로그램 진행, 강사비와 체험비 지출 같은 지역 교육과정 운영에서 발생하는 모든 업무를 담당하여 학교의 업무가 가중되지 않도록 하고 있으며, 더 많은 학교에서 지역 교육과정에 참여할 수 있도록 기반을 마련하고 있다.

지역 예술가와 함께하는 지역 특화 교육과정 운영

　　작은 학교의 학생들에게도 배움의 기회를 균등하게 제공하기 위
해서는, 안 그래도 많은 업무를 담당하고 있는 작은 학교의 업무 부

정선진로직업체험지원센터 학생 맞춤형 진로 체험 프로그램 운영

담을 줄이고, 교육지원청 중심의 학교 교육과정 지원이 더욱 확대되어야 할 것이다. 이에 정선교육지원청은 지자체와 협력해서 교육과정 지원센터 구축을 통한 학교 교육과정 지원 방안에 대해 협의를 진행하고 있으나 운영 방식 등에 대한 추가적인 논의가 필요한 상황이며, 현재는 그 대안으로 정선교육지원청이 위탁 운영하고 있는 정선진로직업체험지원센터의 역할 변화를 유도하고 있는 중이다.

정선진로직업체험지원센터에서는 기존의 역할인 진로 체험 지원 업무 이외에도 지역을 기반으로 한 교육 활동 클러스터 조성을 위하여 작은 학교 간 공동 교육과정을 지원하는 업무를 전담하고 있다. 또한 학교에서 번거로운 정산과 집행 절차로 인하여 사용에 어려움을 겪고 있는 정선군 교육 경비 보조금 사업 운영을 지원하는 등 진로 활동을 넘어, 교육과정 운영 전반을 지원하는 기관으로 변화를 모색하고 있다.

앞서 이야기하였듯이, 지역 교육과정의 운영을 위하여 다양한 자원을 발굴하거나 조직하여 교육과정에 투입하는 일은 교사 또는 학교 단위의 수준을 넘어서는 일일 것이다. 따라서 교사와 학교 차원에서 해결하기 어려운 교육적 요구를 반영하여 지역 교육청과 다양한 유관 기관이 지속적으로 지원하는 것이야말로 지역 교육지원청의 책무라 할 수 있다. 지역 교육과정의 참여자인 학생뿐만 아니라 학교, 교육지원청 등 교육 주체가 모두 함께 공동체 문화를 조성하고 그들의 리더십을 적재적소에서 발휘할 수 있도록 협력적인 거버넌스 체제를 조성하고 작동시켜야만 지역 교육과정의 운영과 발전뿐만 아니라 지속성을 확보할 수 있을 것이다.

지역 교육과정 운영을 위한 협력적 교육 거버넌스 구축

정선군은 농산촌 벽지 지역으로, 우리 지역을 지나는 고속도로

나 고속철도도 없으며 춘천, 원주 같은 도시와도 거리가 멀다. 그래서인지 정선군은 지난 2021년 10월 정부가 발표한 인구 감소 지역 89곳 중 하나로 발표되었고, 인구는 다른 농산어촌과 마찬가지로 조금씩 줄어들고 있는 현실이다.

그럼에도 불구하고, 지역에 애착을 가지고 정선 교육을 위해 애쓰는 교사와 지역 발전을 위해 학교와 함께 노력하는 학부모 등 많은 사람들이 아름다운 이곳을 지키고 가꾸기 위해 노력하고 있다. 이를 위해 정선교육지원청에서는 정선군청과 협력하여 2018년부터 정선행복교육지구를 운영하고 있으며, '함께 배우며 성장하는 행복 정선 배움의 공동체 실현'을 비전으로 지역사회와 소통과 협력, 마을과 함께하는 학교·학생·교직원, 함께 배우며 성장하는 행복한 정선 교육 실현을 목표로 운영하고 있다.

이 중, 지역 특화 사업인 '머물고 싶은 정선공동육아모임'은 지역에 애착을 갖고 정주하는 교사와, 마을 교육과정 운영에 선도적 역할을 하는 마을 활동가 양성을 위해 교직원 공동육아 동아리부터 시작하였으며, 지금은 지자체와 함께 지역 주민이 참여하는 학부모 공동육아 동아리로 확대되어 운영되고 있다.

공동육아 동아리는 정선의 아이들이 이웃의 관심과 사랑 속에서 건강하고 바르게 성장할 수 있도록 돕고, '우리의 아이들'을 지역에서 함께 키울 수 있도록 우리 마을을 함께 만들어 가는 데 큰 역할을 담당하고 있다. 부모님이 잠시 집을 비워도 아이들은 옆집에서 저녁을 함께 먹고 편안히 시간을 보낼 수 있고, 주말이면 친구네 가족과 함께 정선 이곳저곳을 여행 다닐 수 있으니 우리 집이 곧 마을이 되고, 마을이 곧 우리 집이 되는 특별한 경험을 할 수 있게 되었다.

또한 '부모와 함께하는 주말행복 배움농장'은 부모와 자녀가 마을에서 함께 놀고 배우는 과정 속에서 학부모와 지역사회도 교육의 주체로서 학교교육을 적극 지지하고 참여할 수 있도록 계획하여 운영하는 프로그램이다. 주말행복 배움농장은 지자체, 청소년 유관 기관 및 지역 협동조합, 체험 마을, 마을 활동가, 마을 선생님 들이 각자의 프로그램을 개발하여 함께 참여하고 있고, 각 가정의 신청을 받아 주말 동안 가족이 함께할 수 있는 배움의 기회를 제공하는 것이다. 이처럼 행복교육지구의 여러 가지 사업들을 기반으로, 우리 정선의 아이들과 학부모가 마을에서 배우고 성장하며, 우리 마을의 아이들을 함께 키울 수 있는 토대를 만들어 가고 있다.

머물고 싶은 정선공동육아모임(공동육아 동아리, 주말행복 배움농장) 운영

포스트코로나 시대를 준비하는
정선군 온라인 진로박람회 '맛있는 꿈 디자인'

하지만, 지난 2020년에는 코로나19 확산이라는 예상치 못한 감염병의 발생 때문에 지역 특화 교육과정과 행복교육지구사업 같은 교육지원청의 많은 사업이 정상적으로 운영되지 못하는 위기 상황에 당면하였다. 그리고 교육지원청뿐만 아니라 많은 행정기관들은,

기존의 틀에 따라 정해 놓은 사업을 감염병 확산이라는 위기 상황에 맞게 변경하여 운영하는 것이 매우 힘들고 제한적일 수밖에 없다는 것을 깨닫게 되었다. 학교에서도 끊임없이 쏟아져 내려오는 지침과 매뉴얼에 따라 학사를 운영한 것처럼, 교육지원청도 관련 법령과 규정을 준수하며 계획을 세우고 예산을 집행하는 방식까지 고려해야 하기 때문에 사실 코로나19의 확산 상황에서 도움이 필요한 학교에 즉각적이고도 신속한 지원을 적절하게 하지 못한 것도 사실이다.

끊임없이 바뀌는 거리두기 단계로 사상 초유의 원격수업이 시행되고, 집합 행사가 전면 금지되면서 매년 많은 학생들의 참여와 관심을 이끌어 냈던 정선군 진로박람회 '맛있는 꿈 디자인' 또한 진행하기 어려운 상황이었다. 학생의 흥미와 눈높이에 맞춘 다채로운 체험 부스 운영 등 다양한 진로 체험의 기회가 되었던 정선군 진로박람회 '맛있는 꿈 디자인'을 개최할 수 없는 현실이 매우 안타까웠고, 앞으로 이러한 위기 상황이 일어날 경우에는 과거에 운영되던 대면 행사 방식이 유지되기 어려울 것이라는 생각이 들었다. 이에, 이번 위기 상황에서 우리의 일상으로 급속히 확대된 비대면과 온라인의 장점을 활용하여 시간과 공간의 제약을 극복하는 새로운 학생 진로 체험 온라인 플랫폼을 구축하는 상상을 하게 되었고, 2020년에는 이를 바탕으로 한 '온라인 진로박람회'를 열게 되었다.

기존의 오프라인 진로박람회와는 다르게, 진로 체험 키트를 가정으로 제공하고 온라인 진로박람회 홈페이지에 탑재한 영상을 참

2020~2021 정선군 온라인 진로박람회 '맛있는 꿈 디자인'

고하여 직업 체험을 진행할 수 있도록 하였으며, 정선군 진로 체험처 소개, 전문 직업인 인터뷰, 대학 학과 소개 같은 영상도 함께 제공하였다.

또한 '좋아하는 게 일이 된다고?'라는 주제로, 정해진 길이 아닌 나만의 길을 걸어간 사람들의 이야기를 지닌 직업인 멘토와 학생들이 온라인에서 만나 실시간으로 이야기를 나누는 자리도 마련하여, 중·고등학생들의 직업과 진로에 대한 고민을 나누었다. 온라인 진로박람회를 통해 학생들은 기존의 대면 박람회보다 훨씬 더 쉽고 편하게 다양한 진로를 탐색하게 되었으며, 언택트 시대를 준비하는 다양한 온라인 진로교육 프로그램을 학생들에게 제공할 수 있는 뜻깊은 기회가 되었다.

협력적 교육 거버넌스의 실천,
정선아 뭐 하니? 방구석 챌린지 하자!

앞서 이야기했던 것처럼, 코로나19와 함께한 2020년은 많은 것이 변화한 한 해였다. 특히 3월 개학이 몇 번이나 연기되고 학생들이 학교에 등교할 수 없게 되자 이로 인해 많은 문제가 생기게 되었고, 정선군의 경우 공교육에 의존하는 학생 비율이 높기 때문에 코로나19의 확산으로 휴업 기간 학생들의 학습과 돌봄에 공백이 생기는 상황에서 걱정과 고민이 늘어나고 우려의 목소리도 높았다.

이에 휴업 기간 중 가정에서 활동할 수 있는 온라인 학습 활동, 가정형 체험 활동 들을 제공하는 자기 주도적 챌린지 프로그램인 '정선아! 뭐 하니? 방구석 챌린지 하자!'를 운영하게 되었고, 지자체의 교육 관련 유관 기관의 협력적 네트워크를 통하여 9개 읍면 지역의 모든 학생들이 소외되지 않고 프로그램에 참여할 수 있도록 지원하였다.

'정선아 뭐 하니? 방구석 챌린지 하자!' 프로그램 운영

　　방구석 챌린지 프로그램은 교육지원청만의 학생 지원 사업이 아닌 지자체의 교육 관련 유관 기관의 협력적 거버넌스와 네트워크를 기반으로 운영된 프로그램이었으며, 비록 교실이 아닌 내 방에서 참여해야 하고, 친구들과 함께하는 게 아닌 혼자였지만 학생들이 주도적으로 참여할 수 있는 다양한 프로그램을 제공하여 등교 개학 연기와 휴업 기간 동안 학생 교육 활동뿐만 아니라 학부모, 교사 등 교육공동체를 다각적으로 지원할 수 있었다.

정선군 청소년 유관 기관과 함께하는 '정선아 뭐 하니? 방구석 첼린지 하자!'

　　사실 기존에는 기관들 각자의 분절적인 프로그램 운영에 따라, 사업 및 대상이 중복되는 문제가 발생하기도 하였으나, 이번 '방구석 첼린지' 운영에 따른 유관 기관의 협력을 통해 학생을 중심에 둔 사업(프로그램)을 고민해야 함을 깨닫게 되었다. 또한, 교육 활동을 함께하고 있는 기관들의 연계와 협력 사업을 통해 위기 상황에 놓인 학생을 직접 지원함으로써 학부모의 만족도를 높이고 공교육 신뢰도를 높일 수 있는 기반을 조성할 수 있게 되었던 것도 뜻깊었다.

　　교육 위기를 극복하기 위해서는 교육지원청 혼자만의 노력으로는 불가능하며, 우리 지역에서 배우고 성장하는 아이들을 돕기 위해서 모두 한마음으로 함께해야 함을 알게 되었으며, 지역사회 모두가 교육에 대해 함께 고민하고 협력해 나가며 문제를 해결해 나가는 토대를 마련하는 기회가 되기도 하였다.

미래 교육을 준비하는 지역 교육지원청의 변화를 꿈꾸며

정선군에서 교사로 10년, 그리고 교육지원청 장학사로 4년째 생활하며, 지역의 학생·학부모·교사뿐만 아니라 지자체와 유관 기관 등 우리 지역 곳곳의 사람들을 만나고 이들과 함께하며 생활하고 있다. 학교의 새로운 문제 상황을 마주할 때마다 교육 현장과 함께 고민하여 방법을 찾아보았고, 이 과정에서 지역에 대한 관심과 애정을 가진 많은 사람들과 함께 소통하고 협력하여 해결해 나가고 있는 중이다.

지역마다 교육지원청 단위에서의 학교 지원을 바라보는 관점과 생각은 차이가 있을 것이다. 학교 자치를 실현하기 위한 밀착 지원 기관으로 바라볼 수도 있으며, 단지 시도교육청과 학교의 터미널 역할을 담당하는 중간 기관으로 생각할 수도 있으리라 생각한다.

하지만 교육지원청은 학교, 학생, 교사, 학부모, 지역사회와 협력하고 소통하며 우리 지역의 좋은 학교를 가꾸고 만들어 가는 것에 그 목표를 두고 있다. 따라서 교육지원청이 우리 지역의 교육 생태계 확장의 중심에서 지역 교육과정이 뿌리내릴 수 있는 밑거름이 된다면, 지역마다 각자의 색과 모양으로 새로운 열매를 맺을 수 있을 것이라 생각한다.

작고 아름다운 학교, 그 이상…

초판 1쇄	2022년 4월 25일
글쓴이	곽경애, 김기수, 김미영, 김성수, 이민아, 전영욱, 정준영, 조병국, 최고봉, 최영아, 최윤하, 황승환
펴낸곳	도서출판 단비
펴낸이	김준연
편집	이혜숙
디자인	김선미
출판등록	2003년 3월 24일(제2012-000149호)
주소	경기도 고양시 일산서구 고양대로 724-17, 304동 2503호(일산동, 산들마을)
전화	02-322-0268
팩스	02-322-0271
전자우편	rainwelcome@hanmail.net

ⓒ곽경애 외, 2022

ISBN 979-11-6350-060-5 03370
책값 16,000원